한림신서 일본학총서 96

논단의 전후사

1945~1970

RONDAN NO SENGOSHI

By Takenori OKU

Copyright © 2007 Takenori OKU

All rights reserved.

Originally published in Japan by HEIBONSHA LIMITED, PUBLISHERS, Tokyo

This Korean Language edition Published in 2011

by the INSTITUTE OF JAPANESE STUDIES, HALLYM UNIVERSITY, Chuncheon

by arrangement with HEIBONSHA LIMITED, PUBLISHERS, JAPAN

한림신서 일본학총서 96
논단의 전후사 1945~1970

초판 1쇄 발행 2011년 8월 8일

지은이 오쿠 다케노리
옮긴이 송석원

펴낸이 한림대학교 일본학연구소
펴낸곳 도서출판 소화
등록 제13-412호
주소 서울시 영등포구 영등포동 7가 94-97
전화 2677-5890
팩스 2636-6393
홈페이지 www.sowha.com

ISBN 978-89-8410-413-6 94080
      978-89-8410-105-0 (세트)

값 7,000원

논단의 전후사

1945~1970

오쿠 다케노리 지음 · 송석원 옮김

小花

오랫동안 신문기자를 했다. 학예부라는 부서에 있을 때, 처음 만나는 사람에게 자기소개를 할 경우에는 상당히 곤혹스러웠다. '학예부에서 논단을 담당하고 있습니다'라고 말하면, 상대방은 의아스러운 표정을 짓는다. 이어서 '어떤 일인지요'라고 묻곤 하는데, 약간 말을 머뭇거리게 된다.

학예부(지금은 어느 곳이나 문화부로 바뀌었다. 어떤 신문사는 학예부에서 문화부로 했다가 최근에 문화그룹으로 바꾸었다)에는 영화·연극·음악·텔레비전 등을 담당하는 기자들이 있다. 외부인들도 이들에 대해서라면 쉽게 알 수 있다. 필자는 오래도록 학예부에 있었지만, 유감스럽게도 이러한 알기 쉬운 분야를 담당한 적이 없다. 서평과 논단이 전부였다. 서평은 그래도 알기 쉽다. 논단은 꽤나 설명하기 어렵다.

논단기자가 하는 일 가운데 하나는 외부의 필자에게 의뢰해서 문화면에 기고를 받는 것이다. 문화면에는 여러 분야의 사람들이 기고한다. 예컨대, 아쿠타가와(芥川)상을 수상한 직후의 모 작가가 수상소감 등을 포함한 문장을 쓰거나 한다. 매월 '문예시평'도 게재한다. 문예지의 작품을 중심으로 한 비평이다. 같은 문화면이기는 해도, 이는 논단기자의 일이 아니다.

대략적으로 '문예' 이외라고 하면 오히려 알기 쉬울지도 모른다. 그것이 논단기자의 담당 분야이다. 국내외의 정치나 경제의 움직임 등 다양한 영역의, 넓은 의미에서의 시사적인 테마에 대해 전문가에게 원고를 주문한다. 물론 자신이 쓰는 경우도 있지만, 상당한 부분은 이러한 편집자적인 성격의 일이다.

'문예시평'에 상당하는 '논단시평'도 있다. 필자가 있었던 마이니치(每日)신문에서는 당시 '이 달의 잡지에서'라는 참으로 딱딱하기 짝이 없는 표제로 이것을 게재하고 있었다. '논단시평'은 외부 필자가 쓰는 신문이 많았는데, 마이니치신문에서는 이것을 논단기자가 썼다. 필자도 오랫동안 '이 달의 잡지에서'를 담당했다.

그런 점에서 논단을 새삼스럽게 정의하면, "국내외의 정치나 경제의 움직임 등 다양한 영역의, 넓은 의미에서의 시사적인 테마에 대해 전문가가 자기의 견해를 표명하는 장"이라는 것이 될 듯하다.

이러한 논단의 구체적인 '장'은 오랫동안 종합잡지였다. 종합잡지란 일본에 특유한 것인 듯한데, 전전(戰前)에 창간된 『중앙공론(中央公論)』과 『개조(改造)』가 만들어 낸 매체이다. 정치나 경제 등 논단적인 딱딱한 논문에서 소설까지 뭐든지 게재했기 때문에 '종합'이라는 것이다. 본문에서 지적하듯이 전후(戰後) 얼마 안 된 시기에 『세계(世界)』 등 다수의 종합잡지가 창간되어 논단에 장을 제공했다.

본서의 대상 중 다수가 이러한 장에 등장한 문장이다. '전후'라는 시대 구획의 의미에 대해서는 본서 전체를 통해 고민할 것이나, 논단이 활기찬 존재감을 발휘한 시기였다는 것은 분명하다. 본서가 재조명할 대상들은 고작 5, 60년 정도 전의 이야기에 지나지 않지만, 독자 중에는 '이런 시대가 있었나' 하며 신선한 경이감을 느끼는 사람도 많을지 모른다.

그렇다. '이런 시대'가 일본에 있었다. '이런 시대'를 되돌아보는 의미를 독자에게 강요하는 따위는 하지 않을 것이다. 다만 본서를 읽음으로써 독자들이 각자 지나온 시대, 그리고 현대와 대화를 해준다면 고맙겠다.

다음에서 본서의 구성에 대해 간단히 지적해 두고자 한다.

'전후'의 일본은 '회한공동체'로 시작되었다. '회한공동체'의 의미에 대한 탐색은 본문으로 미룬다. 논단의 담당자인 지식인들도 출발점은 '회한공동체'에 있었다. 그 구체적 장소로서 제1장에서는 시미즈 이쿠타로(淸水幾太郞) 등이 만든 20세기연구소(二十世紀硏究所)에 대해 기술한다.

지식인들의 '회한공동체'가 구체적인 모습을 띤 것은 비단 20세기연구소만은 아니었다. 다만 20세기연구소에 대해서는 극히 단편적으로 언급되어 왔을 뿐, 구체적인 활동을 포함하여 '전체적인 모습'을 기술한 문헌은 아직 없다. 따라서 본서는 이를 비교적 소상하게 다뤘다.

　제2장부터는 전후 바로 암파(岩波)서점에 의해 창간되어 오랫동안 '전후' 논단을 이끌게 되는 잡지 『세계』가 중심이 된다. 패전을 통해 '새로운 일본'으로 재출발하게 된 시기에 『세계』에 의존했던 지식인들은 어떠한 '국가구상'을 제시했는지에 대해 결말도 포함해서 기술될 것이다.

　1950년대 중반 이후의 고도성장은 일본 사회를 근저에서 바꿔 간다. 그 한가운데 미일안전보장조약 개정을 둘러싼 '60년 안보'가 있었다. 그것은 '전후' 논단이 독자 대중과 공명했던 '정치의 계절'이었다. 그러나 논단 역시 고도성장이 가져온 변화를 무시할 수 없었다. '정치의 계절'에 처한 논단의 동향을 좇은 후에 제7장에서는 현실주의라 불리는 조류의 대두에 주목한다.

　1960년대 베트남전쟁이 수렁에 빠져 가는 사이에 일본에서도 새로운 유형의 시민운동이 일어난다. '베트남에 평화를!' 시민연합(`ベトナムに平和を!' 市民連合, '베평연')이다. '개(個)'의 연대를 기본으로 한 운동 논리는 논단에도 새로운 바람을 불어넣었다. 1960년대 말, 베평연 운동의 논리와도 깊이 연계되어 전공투(全共闘)운동이 등장한다. 논단의 구체적 장으로서는 〈『세계』의 시대〉의 종언을 고하고 〈『아사히저널(朝日ジャーナル)』의 시대〉

라 불리는 시기가 출현한다. 그러나 그곳에서의 언설 스타일은 이미 '지적 엘리트'인 지식인이 대중을 향해 말하는 것이 아니었다. 『논단의 전후사』라고는 했지만 본서의 서술은 이 시기에서 끝난다. 그 매듭의 의미와 '그후'에 대해서는 종장에서 간단하게 서술한다.

논단을 대상으로 하기 때문에 본서에서 인용 혹은 참고한 문헌의 다수는 잡지에 게재된 것이다. 그때마다 게재 잡지와 발행 연월을 주로 표기했다. 또한 이들 문장은 그후 단행본이나 '전집', '저작집' 등에 수록된 경우도 많은데, 필자가 가까이에서 확인할 수 있는 것에 대해서는 서명만을 주로 표기했다. 자세한 내용은 직접 인용할 기회가 없었던 기타의 참고문헌을 포함해서 권말의 '참고문헌 일람'(잡지에 게재한 것은 생략)을 참조하기 바란다.

또한 인명에 대해서는 경칭을 모두 생략하였음을 밝혀 둔다.

| 차례 |

서언

일러두기

1. 각주는 모두 옮긴이가 작성한 것이다.
2. 원칙적으로 인명, 지명, 연호, 사건을 제외한 일본어 고유명사는 한자어의 우리말 읽기로 표기하였다. 잡지명, 출판사명 등이 주로 해당한다. 이에 대해서는 옮긴이 후기에서 자세히 언급하고 있다.
3. 관용적으로 굳어진 인명 표기는 그대로 사용하였다(예: 흐루쇼프→흐루시초프 등). 한자는 모두 우리나라에서 사용하는 정자체로 표기하였다.

서장
1988년 8월 12일 요쓰야영묘

앞질린 부고

요쓰야(四谷)역에서 지하철을 내려 지상으로 나오자, 잔뜩 흐린 하늘에서 금방이라도 빗방울이 떨어질 것 같았다. 1988년 8월 12일 오후. 요쓰야영묘(靈廟)로 향하는 필자의 발걸음은 가볍지 않았을 것이다.

이틀 전인 10일, 아사히신문 석간에 사회학자 시미즈 이쿠타로의 부고가 실렸다. 당시 마이니치신문사 학예부에서 논단을 담당하고 있던 필자는 당황해서 그 추적 기사를 쓰게 되었다.

학예부는 정치부나 사회부처럼 평소 따끈따끈한 '뉴스'를 추적하는 부서가 아니다. 격렬한 특종 경쟁과도 비교적 인연이 얇다. 그렇지만 부고는 예외였다. 영화·연극·텔레비전 등 이른바 '예능' 섹션에서 가령 유명 배우의 부고는 놓칠 수 없는 뉴스이다. 종종 1면에 실리거나 사회면 톱기사가 된다.

'예능' 섹션에 비해 필자가 담당하는 분야에서 부고가 큰 지면을 차지하는 경우는 훨씬 적지만, 그래도 '시미즈 이쿠타로 사거'가 되면 큰 뉴스이다. 아사히 석간에 실린 시미즈의 부고는 1면 3단 처리였다. 즉, 필자는 1면 뉴스를 아사히신문에 앞질리고 말았다.

필자의 추적 기사는 마이니치신문의 다음 날 11일 조간에 실렸다.

60년 안보 기수에서 '우선회'
시미즈 이쿠타로 씨 사거

조간이라는 점도 있고 해서 1면이 아니라 사회면이었지만, 3단 표제 하나인 아사히보다 몇 단 더 큰 취급으로 표제는 4단이었다 '시미즈 이쿠타로 씨 사거'는 흰 글씨 검은 바탕의 볼록판(凸版) 이었다. 물론 시미즈의 얼굴 사진도 들어갔다. 글의 첫머리는 이러했다.

60년 안보투쟁의 지도자로서 화려하게 활약, 그후 방위력 증강을 주장하는 등 사상적 입장을 '우선회'하여 화제가 된 사회학자 시미즈 이쿠타로 씨가 10일 오전 11시 5분 심부전으로 도쿄 신주쿠(新宿)구 게이오(慶應)병원에서 사거했다. 81세. 장의 · 고별식 일정은 미정.

기사는 본문 60행(1행 13자)이었다. 당시 도쿄국제대학 교수였던 매스 커뮤니케이션론 연구자 이나바 미치오(稻葉三千男)와 철학자 구노 오사무(久野收)의 담화가 포함되었다. 담화는 두 사람 합해서 32행. 이나바는 "시류(時流)를 포착하는 재능은 천재적이라 할 만했다. 학자 이외에 저널리스트, 선동자(agitator)로서 뭐든지 뛰어난 재능을 발휘했는데…"라고 말했다. 구노는 "생각의 뿌리는 같은데도 우파 인사들이 그의 주변에 모여들게 되어 예전처럼 교류할 수 없게 되었다"는 추억담을 말했다.

기사에는 '장의 · 고별식 일정은 미정'이라고 되어 있었지만, 밀장(密葬)[1]은 다음 날인 12일 요쓰야영묘에서 거행되는 것은 알고 있었다. 보통 부고에는 밀장의 일시 · 장소는 쓰지 않는다. 다만 시미즈 정도의 저명인의 경우에는 밀장이라 해도 상당수의 사람들이 그 자리에 올 것이다. 그렇게 생각하며 필자는 다음 날 요쓰야영묘로 향했다. 부고를 앞질렀기 때문에 하다못해 '폴로'(follow)[2] 정도는 확실히 하자고 마음먹었다.

---

1) 가족 친지가 모여 간단히 장례를 치르는 것을 말한다.
2) 추적기사.

일반 장례식 참석자 속의 마루야마 마사오

요쓰야영묘에는 그때 처음 갔다. 미리 지도로 조사하여 찾아 가는 길을 머릿속에 넣고 갔지만 다소 헤맸던 것으로 기억한다. 요쓰야영묘는 신조인(眞成院)이라는 신곤슈(眞言宗)[3]의 사원이 장례·제사용으로 만든 건물이었다.

시미즈 이쿠타로의 밀장은 예상대로 밀장이라 하기 어려운 본격적인 장의였다. 영묘 안에는 접이식 의자로 참석자용 좌석 이 다수 줄지어 있었다. 장의 자체는 무종교로 행해지고 제단에 는 흰 국화꽃으로 둘러싸인 영정이 놓여 있었다.

가장 앞줄의 참석자석은 이른바 'VIP'용이다. 당시 문예춘추 (文藝春秋) 사장 다나카 겐고(田中健五), 중의원의원이었던 니시 오카 다케오(西岡武夫) 등이 줄지어 있었다〔니시오카는 '의외'인 느낌이었으나, 시미즈가 이치가야(市ヶ谷)에 살 때 니시오카 집 이웃 에 있었고, 시미즈의 장녀 레이코(禮子)와 니시오카는 동갑내기의 어 릴 적 친구였음을 나중에 알았다〕. 조금 늦게 도착한 문예평론가 후쿠다 쓰네아리(福田恆存)가 VIP 좌석에 안내되었다. 도쿄대학 학장을 지내고 후에 자민당 참의원의원이 된 서양사 연구자 하 야시 겐타로(林健太郎)도 있었던 것으로 생각되지만 기억이 확 실치는 않다.

---

3) 9세기 초에 공해(空海, 홍법대사, 774~835)가 연 일본 불교의 한 종파로 밀 교(密敎)를 기반으로 하고 있다.

다나카 겐고와 '제자 대표'로 후지타케 아키라[藤竹曉, 당시 가쿠슈인(學習院)대학 교수]가 조사를 읽었다. 이날의 밀장을 필자는 짧게 정리하여 출고했다. 기사는 13일 조간 사회면 전면에 실렸다. 다나카의 조사는 "선생은 언제나 어깨를 쭉 펴고 있는 정통파 스타일리스트였습니다. 위대한 사회학자, 사상가, 저널리스트이셨던 선생은 근본적으로 일생을 통해 애국자였다고 생각합니다. 평안히 영면하십시오"라는 내용이었다.

조사를 듣고 건물 밖으로 나갔다. 거기에도 참석자들이 상당수 있었다. 마루야마 마사오(丸山眞男)의 모습이 그곳에 있었다. 당시 직접 면식은 없었지만 얼굴은 잘 알고 있었다. 마루야마와 그의 논단에서의 일에 대해서는 이후 자세히 기술하게 된다. 말할 것도 없이, 전후 일본 논단에 큰 족적을 남긴 사람이다. 종종 '전후 진보파의 챔피언'이라 불리기도 했다.

화장장으로 향하는 차가 나올 때쯤 하늘에서 비가 뚝뚝 떨어졌다. 출관을 지켜보고 있던 마루야마는 가스야 가즈키(粕谷一希)와 선 채로 이야기하고 있었다. 잡지 『중앙공론』 편집장 등을 지낸 편집자이다. 이윽고 두 사람은 함께 걷기 시작했다. 택시를 잡은 것 같았다.

4인이 공유한 '같은 장소'

이상은 신문사 논단기자로서의 아주 작은 견문에 지나지 않는다. 그렇지만 전후 사상사의 상징적인 한 장면과 조우했다는 생각으로 혼자서 흥분했던 것을 기억하고 있다.

'전후'라 불린 시대가 43년의 시간을 거듭해 왔다. 시미즈 이쿠타로의 밀장 장소에서 'VIP'석에 앉은 후쿠다 쓰네아리와 있었을지도 모르는 하야시 겐타로, 일반 참석자 속에 혼자 우두커니 서 있는 마루야마 마사오. 마루야마, 후쿠다, 하야시 3인은 함께 전후 얼마 되지 않아 시미즈 이쿠타로가 소장을 했던 20세기연구소 소원(所員)이었던 적이 있다. 즉, '전후'가 시작되었을 때 영정의 주인을 포함하여 4인은 '같은 장소'를 공유한 적이 있었던 것이다.

20세기연구소는 곧 짧은 역사를 마감하고, 마루야마와 시미즈는 '평화문제담화회'의 멤버가 된다. 그러나 '60년 안보' 이후, 사상적 입장을 완전히 달리했다. 후쿠다는 이윽고 마루야마 등을 통렬히 비판하는 보수파 중진이 된다. 하야시 역시 마르크스주의의 유물사관을 벗어나 마찬가지로 보수파로서 논진을 펼쳤다. 즉, 전후 일순이라 해도 좋을 기간에 '같은 장소'를 공유했을 뿐, 4인은 각자의 길을 걸었다. 그리고 4인의 궤적은 거의 '논단의 전후사'의 폭과 넓이 그 자체라 해도 좋을 것이다.

그러나 아주 짧은 한때였다고는 해도 4인이 '같은 장소'를 공유했던 것은 분명하다. 그렇다면 그 '같은 장소', 곧 20세기연구소란 대체 어떠한 곳이었을까. 어떠한 목적으로 만들어져 어떠한 활동을 했는가. 이를 명확히 함으로써 '전후'라는 시대를 막 걷기 시작한 지식인들이 함께 품고 있었을 생각을 엿볼 수는 없을까.

'논단의 전후사'는 20세기연구소를 조명하는 것에서 시작하고자 한다. 그 탄생과 짧은 역사는 '전후' 논단이 출발한 장소를 우리에게 알려 줄 것이다.

제1장
'회한공동체'로부터의 출발
—20세기연구소

군화 차림의 마루야마 마사오

요코스카(橫須賀) 해병단 일등수병으로 패전을 맞이한 하야시 겐타로는 제1고등학교 교수에 복직하기는 했지만 도쿄의 집이 타 버렸기 때문에 당시 도쿄 고마바(駒場)의 일고 캠퍼스 내에 있던 동창회관의 한 방에 살고 있었다〔하야시 겐타로, 『쇼와사와 나(昭和史と私)』〕.

어느 날 하야시의 임시 거처로 한 남자가 찾아왔다. "아무런 사전 예고 없이 정원으로 들어와 마루에서 선 채로 이야기하고 돌아갔는데, 그도 군화 차림이었던 것으로 보아 군대에 가 있었을 것"이라고 하야시는 술회하고 있다〔『변해 가는 것의 그림자(移

りゆくものの影)』. 그 남자가 마루야마 마사오이다.

하야시와 마루야마는 당시 초면이었다. 단지 '존재는 서로 인식하고 있었고 얼굴도 알고 있었다'고 한다. 마루야마의 용건은 시미즈 이쿠타로가 만든 20세기연구소에 가입하지 않겠느냐는 권유였다. 하야시는 '아무런 주저도 없이 받아들였다'고 기술하고 있다.

하야시가 상상한 대로 마루야마는 패전 시 두 번째로 소집되어 히로시마시 우지나(廣島市宇品)의 육군선박사령부 참모부 정보반에서 일등병으로 병역에 종사하고 있었다. '연보'(『마루야마 마사오집 별권(丸山眞男集 別卷)』]에 따르면 소집해제된 것은 9월 12일이다. 14일 도쿄로 돌아왔다. 도쿄대학 법학부 조교수(정확히 말하면 아직 도쿄제국대학이다. '제국'이란 글자가 사라진 것은 1947년 10월이다)에 복직한 것은 그 후이다.

하야시는 "학교 부지 안에는 나를 포함해서 교수 4명이 집을 잃고 기거하고 있었다"고 회상하고 있다(『변해 가는 것의 그림자』). 한 사람은 군화 차림의 도쿄대학 조교수. 다른 한 사람은 근무지에 임시 거처하는 일고 교수. 두 사람의 만남은 불탄 자리 · 암시장 시대다운 에피소드라 여겨진다.

재단법인 20세기연구소가 정식으로 발족한 것은 1946년 2월이다. 하야시는 시기를 밝히지 않았지만, 아마도 마루야마와의 만남은 이 해의 이른 봄쯤이었을 것이다.

자전거를 타고 찾아온 오코우치 가즈오

시미즈 이쿠타로의 자서전 『내 인생의 단편(わが人生の斷片)』에 의하면, 20세기연구소의 설립자는 시미즈와 오코우치 가즈오(大河內一男), 호소이리 도타로(細入藤太郞) 3인이다. 오코우치는 후에 도쿄대학 총장을 지낸 사회정책학자로 당시에는 경제학부 교수였다.

호소이리는 하버드대학 등에서 수학한 영미문학자로 릿쿄(立敎)대학 문학부에서 가르치고 있었다. 시미즈는 요미우리(讀賣)신문 논설위원이었던 1943년 태평양협회의 아메리카연구실과 관계를 맺게 되는데, 거기서 호소이리와 교우하게 된 것 같다.

태평양협회는 1938년 쓰루미 유스케(鶴見祐輔)가 중심이 되어 만든 국책기관으로 미일 개전 후, 아메리카연구실을 두었다. 미일교환선으로 귀국한 쓰루미 가즈코(鶴見和子), 쓰루미 슌스케(鶴見俊輔, 두 사람은 말할 필요도 없이 유스케의 딸과 아들이다), 사카니시 시호(坂西志保), 쓰루 시게토(都留重人) 등이 있었다. 호소이리는 교환선귀국은 아니었지만, 미국 유학 경험이 있었기 때문에 연구실에 가담했던 것 같다.

재단법인 설립 자금으로 호소이리가 100만 엔을 제공했다. 이 점에

시미즈 이쿠타로(1907~1988)

대해 시미즈는 1971년 "호소이리 씨는 부자로 신엔체제 전환 시기에 거금을 가지고 있어서는 형편이 나쁜 사정이 있었겠지요"라고 말했다〔"대담 20세기연구소(對談 二十世紀研究所)", 『계간 사회사상』(季刊社會思想, 제1권 3호)〕. 오코우치, 호소이리는 각자 대학에 재직하고 있었지만, 시미즈는 당시 요미우리신문 논설위원을 사직하여 자유로운 상황이었다. 그 결과 "연구소는 전적으로 '내 일터'가 되어 내가 소장이 되었다"고 한다(『내 인생의 단편』).

시미즈가 소장이기도 해서 연구소가 그의 주도로 만들어졌다고 생각하기 쉽지만, 적어도 설립 자체는 시미즈의 아이디어가 아니었다. 전술한 바와 같이, 자금은 호소이리가 냈고, 연구소 설립에 대해 시미즈에게 말을 꺼낸 것도 호소이리였다.

시미즈의 회상에 의하면, 1946년 1월 20일 오후, 도쿄도 이타바시구 도키와다이(板橋區常盤台)의 시미즈 자택에 당시 나카노구 에코다(中野區江古田)에 살고 있던 오코우치가 찾아왔다. 필자에게는 도쿄대학 총장으로 "배고픈 소크라테스가 되라"고 설파한 오코우치의 철학자풍의 풍모밖에 떠오르지 않지만, 이날 그는 자전거를 타고 왔다고 한다.

이미 와 있던 호소이리와 함께 상의하여 호소이리가 자금을 내어 연구소를 설립하기로 정식으로 결정되었다. 그러나 연구소 이름은 그전에 시미즈와 호소이리 사이에서 정해져 있었다고 한다. 시미즈는 다음과 같이 기술하고 있다.

그(호소이리)가 연구소 설립 이야기를 꺼내고 내가 깜짝 놀라면서 찬성했을 때, 나는 여하튼 명칭을 먼저 정하자, 그러는 것이 내용을 정하기 쉽다고 말하며, 명칭은 가능한 한 크게 하자고 주장하고, 잠시 생각한 후에 '재단법인 20세기연구소'가 어떨까 하고 제안하여 그의 동의를 얻었다.

명칭의 의도는 연구 대상이 '20세기'라는 것이 아니라, '미쓰코시(三越)'나 '다카시마야(高島屋)'와 같은 가명(家名)의 칭호(屋號)로 할 예정이었던 것 같다. 시미즈는 강연하러 갔던 홋카이도 오타루시(北海道小樽市)에서 '재단법인 20세기연구소 소장'이라는 명함을 본 사람이 "아, 배(梨) 연구요"라고 제멋대로 납득했다는 마치 거짓말 같은 에피소드를 기술하고 있다. 불과 어제까지 황기(皇紀) ○○년이라고 말하던 시대에 '20세기'를 위에 붙인 명칭은 참으로 참신했었을 것이다.

쟁쟁한 연구원들

사무국은 당초 도쿄도 미나토구(港區) 시바(芝)공원의 중앙노동회관에 두었다. 사무국 이외에 연구실, 교실도 설치했다. 3월에 세타가야구 기타자와(世田谷區北澤), 7월에 스기나미구 다카이도(杉並區高井戸)로 이전한다. 연구소의 정식 목적으로는 ① 연구원의 연구회, ② 일반인을 대상으로 한 강좌, ③ 연구회 활동 등을 토대로 한 출판, ④ 게스트 스피커를 초빙한 담화회,

네 가지 장르가 구상되었다.

"대담 20세기연구소"가 게재된 『계간 사회사상』(제1권 3호)은 20세기연구소의 활동에 관한 몇 가지 자료도 수록하고 있다. 그 가운데 1947년 당시의 연구원 명부가 있다. 지금 보면 참으로 쟁쟁한 멤버가 줄지어 있다.

시미즈, 오코우치, 호소이리 등 3인의 창립 멤버에 더해 이미 이름을 든 마루야마 마사오, 하야시 겐타로 외에 문학 쪽에서는 후쿠다 쓰네아리, 나카노 요시오(中野好夫), 다카하시 요시타카(高橋義孝). 사회과학자는 인문지리학의 이이즈카 고지(飯塚浩二), 사회사상사의 다카시마 젠야(高島善哉), 민법·법사회학의 가와시마 다케요시(川島武宜) 등. 이외에 철학자의 구노 오사무, 마시타 신이치(眞下信一), 심리학자의 미야기 오토야(宮城音弥), 물리학자인 와타나베 사토시(渡邊慧)도 있다. 총 18명이다.

여기에 든 이름이 얼마나 '빅 네임' 일색이었는지를 알기 위해서는 예컨대 『신조 일본인명 사전』(新潮 日本人名 辭典, 1991년 간행)을 들춰 보면 좋을지 모르겠다.

이 책은 약 1만 8,000명을 수록하여 한 권짜리 책으로서는 최대 규모의 인명사전이다. 그러나 가공 인명을 포함하여 고대에서 현대까지를 망라해서 게재하고 있기 때문에 근대 이후의 인명은 상당히 좁혀져 있다. 그런데 지금 여기에 열거한 인명들 중 호소이리 도타로와 미야기 오토야를 제외한 13명이 수록되어 있다.

계몽적인 심리학서를 많이 써서 일반적 지명도는 상당히 높

앉을 미야기가 빠진 것은 다소 이상하지만, 여하튼 속된 말로
대단한 사람들이 여기에 있었다.

활발한 계몽 활동을 전개

앞에서 구체적인 활동으로 네 가지 장르를 들었다. 양두구육
이 아니라 적어도 설립한 1946년과 다음 해인 1947년 전반까지
는 활발히 활동했음을 몇 가지 자료를 통해 알 수 있다.

먼저 '20세기교실'이라는 이름으로 일반인들을 모아 도쿄에
서 강좌를 열었다. 제1기는 1946년 4월 29일부터 6월 1일까지로
「원서강독」에는 오코우치의 '스미스 국부론', 시미즈의 '헤겔
역사철학', 요시노 겐자부로(吉野源三郎)의 '공산당선언' 등이 포
함되었다. 요시노는 암파서점에서 창간한 잡지 『세계』의 편집
장이었다. 그와 『세계』에 대해서는 후에 자세히 기술하게 될 것
이다.

「강의와 연구」에는 시미즈의 '사회학의 근본문제', 미야기의
'사회생활의 심리', 마루야마의 '정치란 무엇인가', 하야시의 '역
사의 연구법', 나카노 요시오의 '문학과 사회', 시모무라 도라타로
(下村寅太郎)의 '니시다 철학' 등이 있었다. 시모무라는 니시다 기
타로(西田幾太郎) 문하의 철학자로 라이프니츠(Gottfried Wilhelm
von Leibniz) 연구 등으로 알려졌다. 요시노 겐자부로나 시모무
라 도라타로처럼 소속연구원 이외에서도 활동에 가담했다.

'20세기교실' 제2기는 9월 15일부터 11월 9일까지였으며 「원

서강독」이라는 별도의 장르는 없어지고 기본적으로 강의만 이루어졌다.

시미즈, 구노, 무나카타 세이야(宗像誠也), 구와바라 다케오(桑原武夫)가 '프래그머티즘' 강의를 했는데, 무나카타와 구와바라는 연구원이 아니었다. 무나카타는 '교육', 구와바라는 '예술' 면에서 프래그머티즘사상을 강의했다. 구와바라와 그의 논문 "제2예술"에 대해서는 후술한다.

이 밖에 연구원에 의한 강의로는 하야시의 '유물사관', 오코우치의 '마르크스 자본론', 마루야마의 '근대 일본 정치의 제 문제', 가와시마의 '가족제도', 이이즈카의 '동양 사회' 등이, 연구원 이외의 강사에 의한 강의로는 시모무라의 '다나베(田邊) 철학', 나카무라 미쓰오(中村光夫)의 '일본 문학', 가쓰마타 세이이치(勝間田淸一)의 '농촌협동조합론', 후지바야시 게이조(藤林敬三)의 '노동조합론' 등이 열렸다.

나카무라 미쓰오는 젊어서 문단에 등장한 기예의 문예평론가이다. 후에 『풍속소설론(風俗小說論)』 등을 저술하여 문학사에 큰 발자취를 남기게 된다. 가쓰마타 세이이치는 전중(戰中)기에 농림 분야 혁신 관료로 기획원사건에 관여한다. 1947년 사회당 중의원의원이 되고, 후에 위원장도 지냈다. 후지바야시 게이조는 노동기준법 등 이른바 노동3법 제정에 관여하고, 후에 중앙노동위원회 회장 등을 역임한 경제학자이다. 소속연구원 이외에도 해당 분야의 일류 전문가가 가담했음을 알 수 있다.

1947년 5월 5일부터 6월 2일에는 '20세기교실' 제3기가 열렸다. 강의는 연구원인 와타나베 사토시의 '인과율에 대해', 다카하시 요시타카의 '문예학 서설' 등 여섯 개가 개강되었다.

이상의 '20세기교실'은 1개월 정도의 기간으로 열렸는데, 수일 혹은 1회만의 강연회 스타일의 '교실'도 있었던 것 같다. 이에 대해서는 아쉽게도 기록을 보지 못했지만, 쓰루미 슌스케가 '전쟁이 끝나고 2년이 지났을' 무렵, 20세기연구소가 주최하는 하나다 기요테루(花田淸輝)의 '핫켄덴(八犬傳)[4]에 대해'라는 강연을 '광고를 보고 돈을 내고 들으러 갔다'고 회고하고 있다(『쓰루미 슌스케집 2 선행자들(鶴見俊輔集 2 先行者たち)』).

지방에서도 단기 '20세기강좌'가 열렸다. 이는 잡지 『인문(人文)』의 '학계소식'란에서 알 수 있다. 『인문』은 문부성 주선으로 생긴 학계 횡단 조직 인문과학위원회(후에 일본인문과학회)의 기관지이다. 창간호와 제2호(모두 1947년 간행)의 '학계소식'란에 '20세기연구소'의 항목이 있다. '20세기강좌'의 개최 상황은 다음과 같다.

1946년 7월 19~21일, 가나자와(金澤), 후쿠이(福井), 다카오카(高岡)의 각 시. 참가자는 시미즈, 오코우치, 나카노, 미야기, 마루야마, 호소이리. 10월 26~28일, 교토(京都)시. 참가자는 시미즈, 오코우치, 하야시, 미야기 등. 12월 7, 8일, 교토시. 참가자는 나카노, 이이즈카, 기시모토 세이지로(岸本誠二郞), 유카와 히데

---

4) 에도(江戸)시대 후기 교쿠테이 바킨(曲亭馬琴, 1767~1848)이 저술한 전 98권 106책의 독본. 원제는 『난소사토미핫켄덴(南總里見八犬傳)』으로, 일본 장편 전기(傳奇)소설의 고전 가운데 하나이다.

키(湯川秀樹). 기시모토는 연구원으로 경제학자이다. 유카와는 1949년 일본인 최초의 노벨상(물리학상)을 수상한다. 이때는 '과학적 사고에 대해'라는 제목으로 강연하고 있다. 1947년 2월 15~17일, 나고야(名古屋)시와 아이치(愛知)현 가리야초(刈谷町).[5] 기시모토, 미야기, 마루야마 등. 마루야마는 나고야와 가리야의 두 곳에서 '현대 정치의식 분석'이란 제목으로 강연하였다. 연구소장인 시미즈는 당연하다 해도 마루야마가 적극적으로 참가한 것이 눈길을 끈다.

'20세기교실'의 제3기(1947년 5~6월)는 강사수가 불과 6명이었다. 제2기(1946년 9~11월)의 17명에서 한꺼번에 규모가 축소되었는데, 설립 1년 만에 활동은 이미 정점을 지나 버린 듯하다. 지방의 '20세기강좌'도 열리지 않게 된다. 그러나 짧은 기간이었지만, 쟁쟁한 사람들이 일반 청중을 향해 활발한 계몽 활동을 했음은 틀림없다.

강의록 등의 출판도

'20세기교실' 외에 20세기연구소의 활동으로 출판에 대해서도 언급해 두어야 할 것이다. 전술한 바와 같이, 출판은 당초부터 활동의 한 분야였다. 강좌와 마찬가지로 출판도 양두구육은 아니었다. 역시 본격적으로 몰두하고 있다.

---

5) 지금의 가리야시(刈谷市).

국립국회도서관과 와세다(早稲田)대학 중앙도서관 장서목록을 통해 '20세기교실'이란 제목이 붙은 20세기연구소 편집의 총서가 8권 간행되었음이 확인되었다. 출판사는 모두 백일서원(白日書院)이다.

'20세기교실 1'은 1947년 6월 10일 발행한 시모무라 도라타로의 『니시다 철학』이다. 시모무라는 '20세기교실' 제1기에 '니시다 철학'에 대해 강의했고, 당시의 속기를 바탕으로 간행된 것이다. 와세다대학 중앙도서관에서 '실물'을 볼 수 있었다. 104쪽의 얇은 책이다(덧붙이자면 정가는 25엔). 시모무라는 '발(跋)'에 다음과 같이 쓰고 있다.

본서는 작년 여름 20세기교실에서 행한 두 차례 강연의 속기이다. 원래 갑자기 이루어진 담화에 지나지 않아, 동 교실의 강의가 출간된다는 규정이 있었기 때문이라는 이유 이외에 저자 자신에게는 새삼스럽게 이것을 출간할 동기도 의도도 없다.

꽤나 냉정한 표현이지만, 여하튼 20세기연구소에서는 '20세기교실'의 강의를 출간한다는 규정이 있었던 것 같다. 이어서 시미즈 이쿠타로 · 구노 오사무의 『프래그머티즘 I』과 구와바라 다케오 · 무나카타 세이야 · 시미즈 이쿠타로의 『프래그머티즘 II』가 간행되었다. 이것도 제2기 강의를 토대로 한 것이다.

3권째인 『프래그머티즘 II』의 말미에 ''20세기교실'의 간행에 즈음해서'라는 제목으로 시미즈의 글이 실려 있다. 이 부분은 꽤

정열적으로 20세기연구소의 계몽적인 목표를 전면에 내걸고 있다. 다음은 그 전문이다.

우리 20세기연구소는 창립 이래 내부적으로는 연구 조사 사업을 진행해 왔으나, 다른 한편으로 외부를 향해서는 도쿄 및 널리 각지에서 '20세기교실'을 개최하여 도시 및 농촌 청년들에게 호소해 왔다. 본 총서 '20세기교실'은 실로 이 강좌의 속기록이며, 이러한 의미에서 우리들의 대외적 활동의 족적이라 할 수 있다.

용어 및 서술이 난해한 것은 우리 학술의 통폐로써, 종래 이 때문에 학술 진보와 보급이 얼마나 방해받았는지 모른다. 평이한 표현은 당초부터 우리 강좌의 규칙이었으나, 지금 이 구술된 것을 원형대로 출판함으로써 계몽의 취지를 더욱 철저히 할 수 있다고 생각한다.

이 총서는 서가에 장식되기를 바라는 것이 아니라 친구에게서 친구의 손으로 건네져 손때로 더럽혀지기를 바란다. 한 사람이라도 더 많은 독자를 얻어 그 생활의 반성과 실천에 도움이 되기를, 그리고 각 방면의 성실한 비판을 접할 수 있기를 나는 바라고 있다.

책은 꽤 팔린 것 같다. 그러나 아쉽게도 규정대로 강의가 차례로 간행되지는 못했다. 『프래그머티즘 II』에는 '속간'으로 7권의 서명이 병기되어 있다. 이 가운데 간행된 것은 기시모토 세이지로의 『경제학의 기초이론』, 하야시 겐타로의 『역사학의 방법』, 다카시마 젠야의 『경제사회학의 구상』, 하라다 고(原田鋼)

의 『정치사상사』 4권으로, 나카무라 아키라(中村哲)의 『국가론』,
오코우치 가즈오의 『국부론』, 마루야마 마사오의 『정치란 무엇
인가』 등 3권은 미간으로 끝났다.

이외에 '속간' 목록에는 없지만, 로야마 마사미치(蠟山政道)의
『정당의 연구』라는 책이 1949년 '20세기교실 8'로 간행되었다.

총서 '20세기교실' 외에 『계간 사회사상』(제1권 3호)에 수록
된 자료에 따르면, 출판사는 모두 백일서원에서 『20세기연구소
기요』가 2회 간행되었음을 알 수 있다. 표제는 '유물사관연구
제1집 "물"의 개념'과 '유물사관연구 제2집 주체성 · 주체적 입
장'이다. 이 둘은 계몽적인 강좌 활동이 아닌 연구 보고라 할 수
있을 것 같으나 내용은 잘 모르겠다.

이 밖에 국회도서관에는 '20세기연구소 편'의 도서가 6권 소
장되어 있다. 서명은 『문학 교실』, 『철학 교실』, 『사회체제 강
좌』 등이다. 『문학 교실』에는 쓰루미 슌스케가 들으러 갔다는
하나다 기요테루의 '핫켄덴에 대해'가 수록되어 있으며, '20세
기교실' 이외에 열린 강연회 내용을 책으로 엮은 것 같다. 후쿠
다 쓰네아리의 '현대 소설 형태'도 들어 있다. '20세기교실'의
강사진에는 이름이 보이지 않았던 후쿠다도 연구원으로 활동에
참가하고 있었음을 알 수 있다.

'회한공동체'로서의 20세기연구소

20세기연구소가 출범한 1946년 2월 당시의 주요 인물의 만

연령을 살펴보자. 소장 시미즈 이쿠타로는 38세. 오코우치 가즈오 41세, 나카노 요시오 43세는 약간 연장이지만, 마루야마 마사오는 31세, 하야시 겐타로는 33세. 후쿠다 쓰네아리도 같은 33세이다.

연구원들이 지방으로 강연을 갔을 때 여관 2층 방에서 밤늦게까지 큰소리로 논의가 이어져 아래층 숙박객이 '시끄러워 잘 수 없다'고 화를 내 비로소 끝났다는 에피소드를 시미즈는 피로하고 있다("대담 20세기연구소"). 젊은 에너지가 넘쳐났던 상황이 엿보인다. 하야시도 "(20세기연구소는) 참으로 신선미와 재기가 넘쳐흐르는 개성적인 집단이었다"(『변해 가는 것의 그림자』)고 즐거운 듯이 회고하고 있다.

시미즈의 회상을 하나 더 인용하자.

그 당시 누구였는지, 나를 하겐벡이라 부른 사람이 있었지요. 하겐벡이란 유명한 맹수서커스단의 단장이에요. 그러나 나는 모두를 맹수라고는 생각하지 않았고, 또 나 자신이 맹수를 잘 다루고 있다고도 생각하지 않았어요. 오히려 패전 후 상황이 연령이나 입장이 다른 우리들 사이에 새롭고 자연스러운 우정을 낳고 있었다고 봐야겠지요.

전후 얼마 되지 않은 시기에 지식인을 둘러싸고 있었던 정신상황을 '회한공동체'라 부른 것은 마루야마 마사오였다〔"근대일본의 지식인(近代日本の知識人)", 『마루야마 마사오집(丸山眞男

集)』제10권].

전쟁에 반대해서 쓰라린 체험을 한 소수의 지식인조차도 자신들이 한 것은 겨우 소극적인 저항이 아닌가, 침묵과 은둔 그 자체가 비협력이라는 시의(猜疑)의 눈으로 보던 시대였다고는 하면서도, 우리나라에는 거의 거론할 만한 저항의 움직임이 없었다는 점을 지식인의 사회적 책임 문제로 반성하지 않으면 안 된다. 만약 그것이 일본의 권력이나 획일적인 '여론'에 대한 저항 전통의 부족에서 유래하는 것이라면 우리는 일본의 '놀랄 만한 근대화 성공'의 메달 뒤를 음미하는 것에서 새로운 일본 출발의 기초 작업을 시작하지 않겠는가. 일본이 직면한 과제는 구체제의 사회변혁만이 아니라 우리들 자신의 '정신 혁명'의 문제이다.—그러한 생각에서 '지금까지 했던 대로는 안 된다'는 기분은 다수의 비협력 지식인도 갖고 있었다고 생각합니다.

… 지식인의 재출발—지식인은 전문성의 껍질을 넘어 하나의 연대와 책임 의식을 가져야 하는 것 아닌가, 하는 감정의 확산, 이것을 나는 '회한공동체'라 부르는 것입니다.

시미즈가 말하는 바와 같이, 20세기연구소에 모인 사람들은 당시에도 입장이 달랐다. 그렇지만, 그것은 그야말로 '전문성의 껍질을 넘어 하나의 연대와 책임 의식을 가져야 하는 것 아닌가' 하고 생각했던 지식인들의 집단이었다고 할 수 있을 것이다. 20세기연구소는 '회한공동체'의 하나의 구체적인 형태였다.

물론 거기에 모인 사람들의 '회한'의 깊이와 질은 다양했을 것이다. 그렇지만 거기에는 역시 비참한 결과로 끝난 전쟁에 대한 '회한'이라 할 만한 정신적 태도가 공유되었을 것이다. 그러했기 때문에 한때였다고는 해도 그들은 시미즈의 문제제기에 응하여 계몽 활동에 몰두할 수 있었다.

'회한공동체'의 확산

'20세기교실'과 지방에서의 강연회는 모두 성황을 이루었다. 특히 지방에서는 '도쿄를 훨씬 상회하는 인기로 많은 사람들이 문자 그대로 산 넘고 물 건너 쇄도했다'고 한다.

연구소 강사들이 설파한 '학문'과 청중이 요구했던 것 사이에 부합되지 않았던 점도 있었음을 시미즈는 지적하고 있는데, 다수의 사람들이 진지한 관심을 가지고 몰려온 것은 틀림없다.

시미즈는 "당시는 문화 활동이라 해도 가장 좋은 청중 및 독자를 얻을 수 있었던 시대라 할 수 있겠지요. 모두 예외 없이 성실하게 듣거나 읽었던 시대입니다"라고 말하며, 그 배경에 대해 다음과 같이 지적하고 있다.

전쟁과 패전이라는 그 이상 없는 비참하고 참혹한 현실을 경험하고 있었기 때문에 살인 사건이나 이혼 문제를 아무리 센세이셔널하게 다루어 보아도 누구 한 사람 돌아보지 않았어요. 요컨대, 모두가 진심이었던 것이죠.

마루야마는 지식인의 '회한공동체'를 지적하였지만, '회한'은 지식인만의 점유물은 아니었을 것이다. 다수의 일본인이 다양한 형태의 '회한'을 품은 채 당시를 살았을 것이다.

'회한'의 대상은 말할 것도 없이, 막 끝난 전쟁을 향하고 있었다. "왜 이런 비참한 결과를 초래한 전쟁을 하게 되었는가", "우리나라에는 대체 어떤 결함이 있었는가" 하는 공통된 질문이 거기에 있었다. 사람들은 패전의 현실 속에 국가나 사회의 존재 양태를 진심으로 생각하게 되었다.

이러한 '회한공동체'의 확산을 배경으로 잿더미 거리에 하나둘 '종합잡지'가 탄생했다. 장을 바꿔 이 '종합잡지' 시대와 마침내 그 중심을 차지하게 되는 잡지 『세계』(암파서점)의 창간에 대해 살펴보자.

제2장
'종합잡지' 시대—『세계』 창간 무렵

강담사에 맡겨 둘 수 없다

암파서점에 근무하고 있었던 요시노 겐자부로는 1945년 8월 15일 가족이 소개(疏開)해 있던 신슈(信州)·오이와케(追分)에서 천황의 옥음(玉音)방송을 들었다. 전날, 도쿄에서 가족을 위문하기 위해 왔던 것인데, 여유롭게 이야기할 겨를도 없이 그날 중으로 도쿄로 되돌아가게 되었다〔요시노 겐자부로, 『직업으로서의 편집자(職業としての編集者)』〕.

귀경한 요시노는 다음 날인가 다음다음 날 암파서점 점주(당시 암파서점은 아직 개인 상점이었다)인 이와나미 시게오(岩波茂雄)와 만난다. 이와나미는 기세등등하게 출판 활동 재개 구상을 웅변하듯이 말하였다. 그 중 하나가 '새로운 종합잡지 창간'이었다.

일본에는 뛰어난 문화가 있으면서도, 그것이 대중으로부터 유리된 곳에 있기 때문에, 결국 군부나 정부의 폭거를 억제할 수 없었다. 암파서점도 종래의 학술적 틀에서 벗어나 보다 대중과 결합된 일을 할 필요가 있다. 대중문화를 강담사(講談社)에만 맡겨 둘 수는 없다. 종합잡지와 대중잡지를 척척 출판해 가지 않겠는가.

요시노가 기록한 이와나미의 제안을 요약하면 이러한 것이 된다. 여기서도 출판인으로서의 '회한'의 한 형태가 있었다.

이와나미가 강담사에 대한 대항심을 노골적으로 나타내고 있는 점이 흥미롭다. 강담사(당시의 사명은 대일본웅변회강담사)는 '강담사문화'와 '암파문화'라는 대비가 말해 주듯이, 암파서점과는 정반대 유형의 출판사로서 잡지 『킹』(キング, 후에 『후지(富士)』로 개제) 등의 대중잡지로 성장했다. 한편 암파서점은 '암파문고'가 상징하듯이, 지식인과 그 예비군인 학생을 대상으로 한 단행본을 많이 간행하고 있었다.

이와나미 시게오(왼쪽)와 요시노 겐자부로(©Iwanami Shoten, Publishers, Tokyo)

요시노는 이 구상에 마음이 내키지는 않았다. 잡지 편집 경험이 없었고, 스태프도 없었기 때문이다. 그렇지만 종합잡지 발간은 급속하게 구체화되어 갔다.

다만, 이와나미 시게오가 생각한 것과 같은 '대중과 결합된 일'로서의 종합잡지는 탄생하지 않았다. 이윽고 창간된 잡지 『세계』는 '암파문고'와는 다른 형태로, 전후의 '암파문화'를 형성해 간다. 그런 의미에서 이와나미 시게오의 '강담사에 맡겨 둘 수 없다'는 생각은 달성되지 못했다고 하는 것이 좋을지도 모른다.

동심회의 올드 리버럴리스트들

요시노의 주저와는 아랑곳없이 종합잡지 창간이 급속히 구체화한 배경에는 동심회(同心會)라는 존재가 있었다. 동심회는 패전 직전에 만들어진 문화인 집단이다. 아베 요시시게(安倍能成), 시가 나오야(志賀直哉), 무샤노코지 사네아쓰(武者小路實篤), 야마모토 유조(山本有三), 와쓰지 데쓰로(和辻哲郎), 다나카 고타로(田中耕太郎), 다니카와 데쓰조(谷川徹三) 등이 중심으로 인문 사회과학 분야에서는 쓰다 소키치(津田左右吉), 스즈키 다이세쓰(鈴木大拙), 고이즈미 신조(小泉信三), 오우치 효에(大內兵衛), 요코다 기사부로(橫田喜三郎), 다카기 야사카(高木八尺) 등, 저널리즘 관계에서는 이시바시 단잔(石橋湛山), 세키구치 다이(關口泰), 마쓰모토 시게하루(松本重治) 등, 문학자는 히로쓰 가즈오(廣津和郎), 나가요 요시로(長與善郎), 사토미 돈(里見弴), 이 밖에 야스다 유키히코(安田靫彦), 고바야시 고케이(小林古徑), 우메하라 류자부로(梅原龍三郎), 야스이 소타로(安井曾太郎)와 같은 화가도 참가하고 있었다.

이미 '대가'로 인정되고 있는 사람을 포함해서 각자의 분야에서 상당한 지위를 얻고 있는 사람들이 줄지어 있었다. 암파서점의 경영에도 참여하고 있었던 아베 요시시게를 비롯해서 다수의 사람들이 이와나미 시게오와 친교가 있었다.

이 동심회가 패전 직후에 종합잡지를 내고 싶다며 이와나미에 상담을 해왔다. 동심회 멤버는 후에 종종 올드 리버럴리스트라 불리게 된다.

올드 리버럴리스트를 한 마디로 설명하기는 어렵다. 분명한 것은 먼저 세대적인 단락이다. 마루야마 마사오나 시미즈 이쿠타로 등 하나 아래 세대에서 본 '올드'이다. 그들은 전전(戰前) 일본이 '전쟁'을 향해 열광해 가기 이전 다이쇼(大正)기에 데모크라시의 풍조와 그 여파 속에서 인격을 형성했다.

오구마 에이지(小熊英二)가 지적하고 있는 바와 같이, 전후 사회에 비해 훨씬 계층차가 컸던 전전 사회에서 지식인의 다수는 부유한 도시중산계층 출신이었다〔『'민주'와 '애국'(〈民主〉と〈愛國〉)』〕. 그 결과, 사회의 근본적인 변혁을 요구하는 공산주의에 대한 혐오 내지 위화감을 공유하게 되었다.

그렇지만 이들 세대도 마루야마 등과는 다른 형태로 역시 '회한'의 사고를 안고 있었다. 그것이 이와나미에 종합잡지 창간 제안으로 이어졌을 것이다.

새로운 종합잡지 창간을 구상하고 있었던 이와나미 시게오로서는 동심회의 이러한 요망은 어떤 의미에서는 '나룻배'였을 것이다. 아베의 지휘 아래 요시노가 편집 실무를 담당하여 새로운 종합잡지 『세계』를 창간하는 것이 정해졌다〔당초에는 아베가 실질적으로도 '편집장'이었던 것 같은데, 1946년 1월 시

아베 요시시게(1883~1966)
(© Iwanami Shoten, Publishers, Tokyo)

데하라 기주로(幣原喜重郞) 내각의 교육부장관에 취임하였기 때문에 요시노가 편집장을 맡게 되었다〕. 『세계』라는 잡지명은 동심회 멤버의 한 사람인 다니카와 데쓰조가 명명한 것이다.

원래 동심회의 생각과 이와나미 시게오가 생각하고 있었던 것 사이에는 약간의 괴리가 있었던 것 같다. 동심회 측은 『세계』를 자신들의 기관지로 생각하고 있었다. 이에 대해 이와나미는 동심회를 자기 회사에서 창간하는 종합잡지의 유력한 지원자로 상정하고 있었다. 이 괴리가 구체적으로 어떠한 알력을 낳았는지는 알 수 없지만, 결국 동심회 멤버는 1948년 7월 별도로 『심(心)』을 창간하게 된다.

이러한 경과를 거쳐 1945년 12월 『세계』 창간호(1946년 1월호)가 발매되었다. 192쪽으로 정가는 4엔이다.

신일본의 문화 건설을 위해

『세계』 창간호에는 공동 '창간사'라 할 만한 글이 둘 있다. 요시노는 '둘이 되어 버렸다'고 쓰고 있다(『직업으로서의 편집자』). 하나는 동심회 멤버 다나카 고타로의 것이다. 그는 민법 · 국제법 · 법철학 등 다채로운 분야에서 업적을 남긴 법학자로 당시 도쿄대학 교수였고, 후에 최고재판소 장관[6]이 되었다. 다른 하나는 이와나미 시게오의 것이다. '되어 버렸다'고 쓰고 있는 것으로 보아 요시노도 곤혹스러웠을 것이다. 여기서도 잡지에 대한 동심회와 이와나미 측의 괴리를 알 수 있다. 요시노는 다나카의 것을 권두에, 이와나미의 것을 권말에 실었다.

다나카의 '권두사'는 3쪽에 걸친 장문으로 모두(冒頭)부터 격조 높다.

태평양전쟁은 일본 유사 이래 미증유의 굴욕적인 항복으로 종결되었다. 우리의 앞 길에는 암담한 불안과 혼란이 가로놓여 있고, 국민 한 사람 한 사람이 모두 심각한 수난의 한가운데에 있다.

그러나 종전과 동시에 전쟁 중의 무리, 허위, 의세(擬勢), 부정은 폭로되어 우리 국민은 지금이야말로 현실에 서서 진리를 우러르며 새로운 발족을 하지 않으면 안 되게 되었다.

---

6) 우리나라의 대법원장에 해당한다.

『세계』 창간 즈음(ⓒ Iwanami Shoten, Publishers, Tokyo)

다음은 '해야 할 일은 지극히 많다'고 하여 지적되고 있는 부분이다.

고루하고 이치에 맞지 않는 국수주의와 가미가카리[7]를 불식하고 전통의 미질(美質)을 발휘해야 한다. 학계, 언론계를 숙정하고, 특히 학자, 지식인의 지조와 용기를 강조하고 공정한 논의와 비판을 활발히 해야 한다. 무엇보다도 민중의 질적 향상과 민의의 건전한 앙양을 통해 사회정의를 실현하고, 이것을 병적인 아나키로부터 구해 내, 새로이 대두하는 권력의 횡포, 독재에 대비해야 한다.

---

7) 神がかり. 과학이나 이론을 무시하고 부조리한 것을 광신하는 것을 가리킨다.

'병적인 아나키'나 '새로이 대두하는 권력의 횡포, 독재'라는 표현에는 이미 사회주의 세력에 대한 강한 반발이 엿보인다. 동심회의 올드 리버럴리스트들과 얼마 후 『세계』를 무대로 활약하는 전후 진보파 사람들의 사상적 차이가 여기서 읽힌다.

한편, 9월에 뇌출혈로 쓰러져 요양 중에 붓을 잡은 이와나미의 글은 『『세계』의 창간에 즈음하여'라는 제목이 붙여졌다. 이와나미는 1940년 『고지키 및 니혼쇼키 연구(古事記及日本書紀の研究)』 등 쓰다 소키치의 저서 3권을 출판함으로써 쓰다와 함께 출판법 위반으로 몰린 경험이 있다. 그런 까닭에 자기비판을 포함해서 토로한 출판인 이와나미 시게오의 진정을 독자는 엄숙한 마음으로 읽었을 것이다.

몇 해 전부터 일화(日華)친선에 뜻을 두고 있던 나는 처음부터 대의명분 없는 만주사변에도 절대 반대였다. 또한 삼국동맹 체결 때도 태평양전쟁 발발 때도 마음속으로 걱정하고 분개함을 금할 수 없었다. 그 때문에 자유주의자로 불리고 부전론자로 여겨져, 때로는 국적(國賊)이라고까지 비방당하고 직장(職域)까지도 빼앗으려 하였다. 그럼에도 불구하고, 대세에 저항하지 못했음은 결국 나에게 용기가 없었기 때문이다. …

천지에 대의가 있고 인간에게 양심이 있으며, 진리보다 강한 것은 없다. 우리 모국의 암을 수술하지 못하고 무비(武備)를 버리는 데 이르러도, 무조건항복은 교만을 분쇄하기 위해 일본인들에게 부여된 쇼와의 신풍(神風)이 되어 겸허하고 경건하게 국가의 이상에 정진해야 한다. 도의를 근간으로 하여 문화가 꽃피는 사회는 인류의 이상이 되어야 한다. …

일본의 개전도 일본의 도의와 문화의 사회적 수준이 낮았던 데에 기인한다. 지금 이 국난에 즈음하여 신일본의 문화 건설을 위해서 나 역시 촌척(寸尺)의 미력을 바치고자 한다. 여기 『세계』를 창간하는 것도 이 염원의 일단이다.

이와나미 시게오는 다음 해 4월 25일 사거함으로써 창간에 즈음하여 스스로 뜨거운 염원을 밝혔던 『세계』의 그후를 오래도록 지켜보지는 못했다.

수재 남학생 같은 잡지

『세계』는 우리에게는 '전후 진보주의의 오피니언 리더'라는 이미지가 강하지만 창간호는 약간 분위기가 다르다.

권두 논문은 아베 요시시게의 "강의와 진실과 지혜를(剛毅と眞實と知慧とを)"이다. 전시 하의 도덕 저하를 지적하고 '도의'의 재건을 주장한 내용이다. 이하 목차에는 미노베 다쓰키치(美濃部達吉)의 "민주주의와 우리나라 의회제도(民主主義と我が議會制度)", 오우치 효에의 "직면한 인플레이션(直面するインフレーション)", 와쓰지 데쓰로의 "봉건 사상과 신도의 교의(封建思想と神道の敎義)" 등이 포함되어 있다. '천황기관설' 사건으로 부득이 침묵해 왔던 미노베는 오랜만의 등장이었다. 이 밖의 집필자는 미

야케 세쓰레이(三宅雪嶺), 오자키 가쿠도〔유키오, 尾崎咢堂(行雄)〕,
다니카와 데쓰조 등이 있었다.

창간 사정상 당연한 일이지만 동심회 멤버가 두드러지게 눈
에 띈다. 집필자의 연령도 오자키 가쿠도 87세를 최고(最高)로
하여 미야케 세쓰레이 85세, 미노베 다쓰키치 72세, 시가 나오야
62세로 상당히 높다. '소장'은 구와바라 다케오 41세, 유카와 히
데키 38세, 나카무라 미쓰오 34세였다.

요시노 겐자부로는 1945년 9월 말 도쿄 고엔지(高円寺)에서
벌어진 철학자 미키 기요시(三木清)의 쓰야(通夜)[8]의 날의 추억
을 기술하고 있다(『직업으로서의 편집자』). 미키는 치안유지법 위
반으로 체포되어 미결 구류(勾留) 중 9월 26일 옥사했다. 그는
암파서점 간행의 잡지『사상(思想)』을 비롯하여 암파서점과 관
계가 깊었다.

쓰야에서 귀가하는 길은 재정학자 오우치 효에와 함께였다.
이미 지적한 바와 같이, 오우치는『세계』창간호에 집필하였다.
동심회 멤버였지만, 다른 사람들과는 달리 그후에도 오래도록
『세계』의 단골 집필자가 된다.

두 사람의 이야기는 자연스럽게 창간이 정해진 새로운 잡지
로 이어졌다. 오우치는 이런 것을 말했다고 한다.

요시노 군, 이번 잡지는 너무 위세 좋은 것으로 하지 않도록 하

---

8) 상가(喪家)에서 밤을 새는 것을 가리킨다.

지 않겠나. 격조 높은 래디컬한 것만 싣지 말고 나 정도의 연배 사람이 써도 우습지 않은 안정된 것으로 하는 것이 좋아요. 몇 년 지나고 보면 전후의 진보나 사상의 본류를 충분히 더듬을 수 있도록 말이지.

요시노는 '저도 그렇게 할 생각입니다'고 대답했다. 덧붙이자면 '나 정도의 연배 사람'이라고 말했던 오우치는 이때 57세였다.

확실히 창간호에 실린 논문은 '격조 높은 래디컬한 것'은 없고 '안정된 것'뿐이라고 해야 할 것이다. 창간호는 8만 부를 찍어 곧바로 매진되었다. '개시는 더할 나위 없이 좋았지만, 프로들로부터는 수재 남학생 같은 잡지라고 비평되고, 좌익으로부터는 보수당 좌파 잡지라고 혹평받았다'고 한다(『직업으로서의 편집자』).

올드 리버럴리스트가 쭉 포함되어 있는 『세계』 창간호를 보면, 이 비평은 상당히 적중했다는 느낌이 든다. 그렇지만 '보수당 좌파 잡지'는 시대 속에 급속히 변모해 간다. 그 점에 대해서는 동지(同誌)에 실린 언론의 내용도 포함해서 후에 논할 것이다.

활자에 굶주렸던 시대

한 장의 사진이 있다. 처음 본 사람은 설명을 읽지 않으면 대체 무슨 사진인지 모를 것이다. 그리고 설명을 읽은 후 '에엣'

하고 놀랄 것이다. 나도 처음 이 사진을 보았을 때 정말 놀랐다. 1947년 7월 19일 암파서점에서 『니시다 기타로 전집』의 제1권이 발매되었는데, 19일 날이 채 밝지 않았거나, 이른 아침에 촬영된 것으로 알려진 이 사진은 암파서점 영업부 앞 도로에서 자면서 『니시다 기타로 전집』의 발매를 기다리는 사람들의 광경을 찍은 것이다.

당시 잡지 『문예춘추』 편집장이었던 와시오 요조(鷲尾洋三)의 회상을 한도 가즈토시(半藤一利)가 기록했다〔마이니치신문사 편, 『암파서점과 문예춘추(岩波書店と文藝春秋)』〕.

그것은 괴이한 행렬이었다고 한다. 장교복, 여기저기 온통 기운 점퍼, 헐렁헐렁한 국민복 ⋯ 다양한 복장의 젊은이들이 행렬을 이루고 있었다. 행렬은 암파서점 앞에서 시작되어 장장 스루가다이(駿河台) 쪽까지 줄지어 있었다.

이것은 발매 당일의 광경이다. 행렬은 3일 전인 16일 저녁때부터 생기기 시작했다. 가장 앞에 줄 선 사람은 이틀 밤을 머무르며 발매를 기다린 것이 된다.

한도 가즈토시는 당시 암파서점 지배인대리였던 고바야시 이사무(小林勇)에게 들은 이야기도 기록했다. 암파서점은 전화(戰火)가 격해짐과 동시에 전전에 간행한 단행본의 지형〔紙型, 지금과는 달리 책은 납(鉛) 활자를 사용한 활판 인쇄였다. 지형은 활자를 조합한 것을 딱딱한 특별 용지에 강압하여 만든다. 지형에 납을 흘려

보내면, 다시 활판 인쇄할 수 있다]을 나가노(長野)현에 소개(疏開)
시켰다.

종전과 함께 그 지형을 도쿄로 가지고 와서 출판 활동을 재개
했다. 『니시다 기타로 전집』은 새로운 기획이었지만, 책 제작에
는 소개시켰던 지형을 사용하였다. 문제는 심각한 종이 부족으
로 간행 부수가 제한되어 있었다는 것이다. 이때는 7,000부 정도
인쇄했는데, 본사에서의 직접 판매분은 250부였다. 행렬은
1,500명에 이르렀다고 하니까, 모처럼 줄 서 있었어도 살 수 없
었던 사람들도 많았다.

두 시간 만에 매진?

전후 얼마 되지 않은 시기의 출판 상황은 자주 '가스토리 잡
지의 시대'라 일컬어진다. '가스토리 잡지'는 산고(三合, 3홉) 마
시면 취해 버리는 가스토리(조악하게 밀조한 술)처럼 산고(三號)
내면 폐간해 버린다는 데서 그렇게 불린 것 같다.

출판을 규제한 법령이 없어져 확실히 이 시기에 범죄와 성생
활 등을 대상으로 한 엽기적인 읽을거리를 내세운 대량의 잡지
가 등장했다. 출판사(出版史)연구가인 후쿠시마 주로(福島鑄郎)에
의하면, 대중을 대상으로 한 잡지 창간은 1946년 129지, 1947년
298지, 1948년 378지라고 하니 매우 놀랍다[『신판 전후잡지 발굴
(新版戰後雜誌發掘)』].

그러나 활자에 굶주려 있던 사람들이 찾던 것은 모두 싸구려

오락물만이 아니었다. 『니시다 기타로 전집』을 위한 공전의 행렬이 그것을 가르쳐 주고 있다. 그렇기 때문에 '수재 남학생 같은 잡지'의 창간호 8만 부도 금세 매진된 것이다. 이 시기 종합잡지가 잇따라 창간된다. 양은 훨씬 적을지라도 '가스토리 잡지의 시대'는 또한 '종합잡지의 시대'이기도 했다.

전후 최초로 창간된 종합잡지는 『신생(新生)』이다. 창간호는 1945년 10월 18일에 발매되었다. 8월 15일의 옥음방송에서 불과 2개월 남짓한 시기이다. 31쪽에 정가는 1엔 20전이었다. 발행 부수는 36만 부였다고 한다〔'신생'복각편집위원회 편, 『회상의 신생(回想の新生)』〕. 이 부수는 다소 과장된 것으로 여겨지지만 확실한 데이터는 없다. 일본산업신문사〔현재의 니혼게이자이(日本經濟)신문사〕 윤전기로 인쇄했다고 한다.

정가 1엔 20전은 결코 싼 것은 아니었지만 날개 돋친 듯이 팔려 하루 만에 매진되었다. 두 시간 만에 매진되었다는 설도 있다〔기모토 이타루(木本至), 『잡지로 읽는 전후사(雜誌で讀む戰後史)』〕.

출판사는 신생사(新生社)였다. 사장인 아오야마 도라노스케(青山虎之助)는 전후 출판계에 뛰어든 풍운아로 아오야마와 신생사도 흥미롭지만, 출판사(史)에 깊이 들어가는 데 지면을 할애하지 않을 수 없다.

『신생』 이외에 이 시기에 창간된 종합잡지는 『온도리통신(雄鷄通信)』, 『세계문화(世界文化)』, 『일본평론(日本評論)』, 『사조(思潮)』, 『조류(潮流)』, 『아사히평론(朝日評論)』 등 이루 셀 수 없이 많았다.

『세계』는 이들 창간 잡지들 중 최고였고 그야말로 폭발적으로 팔렸다. 창간호 8만 부가 금방 매진되었다는 것은 이미 지적한 바 있다. 매호 매진이었다. 요시노는 1946년 9월호 '편집후기'에 다음과 같이 적고 있다.

이번 여름 전국 소매서점의 주문을 배급회사가 집계한 결과에 의하면, 이 잡지에 대한 주문은 28만 부에 달한다고 한다.

전국의 서점주들은 매월마다 "『세계』는 매진되었습니다"는 말을 고객에게 반복했을 것이다. 이 시기 『세계』의 발행 부수는 여전히 8만 부를 유지했다. 다음은 요시노의 '즐거운 비명'이라 할 만하다.

이 이상 발행 부수를 늘리는 것은 용지량의 관계로 도저히 불가능했을 뿐만 아니라 실은 현재 부수를 유지하는 것조차 우리들로서는 자신이 있다고는 할 수 없었다. 이 점은 아무쪼록 양해해 주기 바란다.

전통의 두 잡지도 복간

신흥잡지가 연이어 등장한 한편, 『세계』 창간과 같은 시기에 전전부터의 전통을 자랑하는 종합잡지 『중앙공론』과 『개조』가 복간되었다. 『중앙공론』의 창간호(1946년 1월호)는 '재건 제1호'

를 내세워 "우리의 지표"라는 제목의 '재건사'를 실었다.

　본지는 지난 1944년 7월, 도조(東條英機) 내각 하에 전시 여론지
도에 유해하다며 탄압을 받아 60년 전통을 일시 중단, 폐간하는 비
운을 겪었다. … 지금은 종전이기도 하고 패전일본에서 재건일본
으로의 기운이 도래했다. 이에 본사는 새로운 진용을 정비하여 이
신일본 재건운동의 일익을 담당하고자 먼저 스스로의 재건을 기도
하여 다시 강호에 나오게 되었다.

　『세계』 창간호의 다나카 고타로의 '창간사'만큼 격조 높은 것
은 아니었지만, 도조 내각의 탄압으로 폐간에 몰린 것부터 쓰기
시작해서 이와나미 시게오의 "『세계』 창간에 즈음해서"가 '신
일본의 문화건설'을 말하고 있는 것과 마찬가지로 '신일본 재건
운동' 참여를 표명하고 있다.
　'우리의 지표'로 내건 것은 '자유로운 평화적 민주주의 사상
을 함양하고 세계에서의 일본의 지위 향상에 이바지하고자 한
다', '도리와 과학정신에 기초하여 신일본문화의 창조적 자주성
확립에 노력한다' 등 다섯 항목이었다.
　뒤에 지적하듯이 『중앙공론』에도 '전후'의 논단사를 장식하
는 중요 논문이 몇 개나 실린다.

『전망』과 『사상의 과학』

가스토리 잡지가 그 이름의 유래대로(?) 단명하였듯이 '종합 잡지의 시대'를 장식한 잡지의 대부분도 오래 계속되지는 않았다. 전후 최초의 종합잡지라는 영광을 짊어진 『신생』의 수명은 그나마 비교적 길었는데 단기간의 휴간 시기를 끼고 1948년 10월호까지 3년 남짓 간행되었다.

많은 잡지가 사라져 간 것은 결국은 도태의 과정이었다. 거기서 살아남은 잡지는 『세계』를 비롯해서 전후 논단의 중요한 장이 되어 갔다. 그러한 살아남은 잡지 중 하나로 논단적으로도 중요한 것은 축마서방(筑摩書房)이 창간한 『전망(展望)』이다.

『세계』의 창간, 『중앙공론』의 복간과 동시에 『전망』은 1946년 1월호로 시작했다. 1951년 9월호로 휴간하였기 때문에 "살아남았다"고는 할 수 없을지도 모르지만(1964년 10월호로 복간, 1978년 9월호로 다시 휴간), 문예평론가로서도 활약한 우스이 요시미(臼井吉見)를 편집장으로 맞아 『세계』와는 아주 다른 분위기를 자아내면서 마루야마 마사오의 "육체문학에서 육체정치까지"(肉體文學から肉體政治まで, 1949년 10월호), 다케우치 요시미(竹內好)의 "일본공산당에 준다"(日本共産黨に與う, 1950년 4월호) 등 많은 중요한 논문이 게재되었다.

또 하나 전후 논단의 출발이라는 의미에서 종합잡지라고는 할 수 없지만, 『사상의 과학(思想の科學)』 창간도 언급해 두어야 할 것이다. 『사상의 과학』은 다케타니 미쓰오(武谷三男), 다케다

기요코(武田淸子), 쓰루 시게토, 쓰루미 가즈코, 쓰루미 슌스케, 마루야마 마사오, 와타나베 사토시 7인의 동인이 참여한 '사상의 과학연구회'에 의해 1946년 5월 창간되었다. 이 잡지는 적극적으로 구미의 최신 사상을 소개하여 사람들에게 새로운 시대의 도래를 실감시켰다.

『사상의 과학』은 1961년 12월 당시 출판사였던 중앙공론사가 '천황제 특집호'를 폐기하는 사건과 조우한다. 이 사건에 관해서는 후에 언급하겠지만, 잡지는 다음 해 3월부터 자주(自主)간행으로 바뀌어 1996년 5월호까지 간행되었다. '생활자'로서의 대중에 눈을 돌려 많은 집필자를 양성하여 논단지로서도 독특한 존재였다.

여기까지 '무대' 만들기에 관한 이야기가 이어졌다. 물론, 이러한 '무대'가 만들어진 과정 자체도 '전후 논단사'의 중요한 부분임에 틀림없다. 그렇지만 이제부터는 슬슬 연기되는 '극'을 보러 가기로 하자.

제3장
천황 · 천황제
―쓰다 소키치와 마루야마 마사오

시대는 격동하고 있었다

『세계』의 1946년 2월호(창간 2호)에는 시미즈 이쿠타로의 『세계』 데뷔작 "가두의 청년들(街頭の靑年達)"이 실렸는데, 다나카 고타로, 다케야마 미치오(竹山道雄), 아베 요시시게와 같은 사람들이 집필하여 전체적으로는 역시 온건한 인상이다.

한편, 시대는 격렬하게 움직이고 있었다.

1946년 1월 1일 천황이 이른바 '인간선언'이라 불리는 조서를 내 스스로 신격을 부정하였다. 4월 GHQ(연합국 군 최고사령관 총사령부)가 군국지배자로 지정한 사람들을 공직에서 추방하였다. 26일 중국 연안(延安)에서 일본공산당 지도자 노사카 산조

(野坂參三)가 귀국하여 히비야(日比谷)공원에서 열광적인 귀국환
영국민집회가 열렸다. 노사카는 이 자리에서 '사랑받는 공산
당'을 표방하여 '민주전선' 결성을 제창했다.

1945년 12월 노동조합법이 시행됨에 따라 각지에서 차례로
노동조합이 생겼다. 노동자에 의한 생산관리를 요구하는 노동
조합과 회사 측의 격한 투쟁이 여기저기서 일어나고 있었다.

새로운 헌법 제정도 급속히 진행되고 있었다. 2월 1일 마이니
치신문이 천황대권을 유지하는 정부 헌법문제조사회의 개헌요
강을 특종 보도했다. GHQ는 독자적으로 헌법초안 검토에 들어
가 2월 13일 일본 정부에 상징천황 · 전쟁방기(放棄) 등을 포함
한 초안을 건넸다.

구체제가 소리를 내며 와해하는 가운데 아직 확실하게 보이
지 않는 새로운 체제의 내실을 둘러싸고 다양한 차원에서 활발
한 운동과 논의가 일어나고 있었다. 초점의 하나는 전쟁책임을
포함한 천황의 문제로, 메이지헌법이 규정하고 있었던 천황을
받드는 국가체제(천황제)를 어떻게 바꿀 것인가, 혹은 바꾸지 않
을 것인가 하는 문제였다.

'우리들의 천황'을 사랑하지 않으면 안 된다

『세계』 편집장 요시노 겐자부로는 『세계』의 창간이 정해지
고 얼마 되지 않아 이와테(岩手)현 히라이즈미(平泉)에 소개해
있던 쓰다 소키치에게 잡지 창간을 보고함과 동시에 새로운 잡

지에 기고를 의뢰하는 편지를 보
냈다(『직업으로서의 편집자』).

쓰다 소키치(1873~1961)

쓰다가 저서 『고지키 및 니혼쇼
키 연구』로 이와나미 시게오와 함
께 출판법위반으로 조사받은 일
은 앞에서 언급했다. 요시노는 그
러한 경위가 있었기 때문에 새로
이 창간하는 잡지에 꼭 쓰다의 원
고를 넣고 싶어 했다. "일본사 연
구에서의 과학적 방법"이 요시노
가 의뢰한 테마였다.

쓰다에게서 두 개로 나뉜 원고가 도착한 것은 다음 해 1월 말
인가 2월이었다고 한다. 침묵을 강요받고 있었던 쓰다로서는 마
침내 자신이 쓰고 싶은 것을 쓸 수 있는 시대가 되었다는 앙양
한 기분이 있었을 것이다.

원고에는 각각 "일본 역사 연구에서의 과학적 태도(日本歷史
硏究に於ける科學的態度)"와 "건국 사정과 만세일계의 사상(建國
の事情と萬世一系の思想)"이라는 표제가 붙어 있었다. 전자는 3월
호에 게재되었다. 문제는 후자의 것이었다.

실증사학의 입장에서 『고지키』, 『니혼쇼키』를 다룬 쓰다는 "건
국 사정과 만세일계의 사상"에서 '국민의 황실', '우리들의 천황'
에 대해 예컨대, 다음과 같은 열렬한 애정을 토로하고 있었다.

국민과 함께 계시기 때문에 황실은 국민과 함께 영구하고 국민이 부조(父祖)와 자손(子孫)이 서로 이어져 무궁하게 계속하는 것처럼 그 국민과 함께 만세일계이다.

그리고 맺음말 부분이 강렬했다.

국민 스스로 국가의 모든 것을 주재해야 하는 현대에 황실은 국민의 황실이며 천황은 '우리들의 천황'이시다. '우리들의 천황'은 우리들이 사랑하지 않으면 안 된다. … 2천 년의 역사를 국민과 함께하신 황실을 현대 국가, 현대 국민생활에 적용하는 지위에 두고 그것을 아름답고 안태하게 하며, 그리하여 그 영구성을 확실히 하는 것은 국민 스스로의 사랑의 힘이다. 국민은 나라를 사랑한다. 사랑하는 데에 바로 민주주의의 철저한 모습이 있다. … 또한 이와 같이 황실을 사랑하는 것은 스스로 세계에 통하는 인도적 정신의 크나큰 발휘이기도 하다.

그러나 쓰다가 이런 말을 감정이 향하는 대로 서술한 것은 아니다. 역사가 쓰다의 수법으로 상대(고대) 이래의 역사를 더듬어가서 '만세일계의 황실이라는 관념이 생기고, 또 발휘한 사정'을 명확히 한 뒤에 국민주권 시대에서의 '국민의 황실'을 설명한 것이다.

그러나 앞에서 지적한 것처럼, 시대는 그야말로 천황과 천황제의 행방을 한 초점으로 하여 크게 요동치고 있었다. 요시노는 쓰다의 논문이 정치적으로 이용되는 것을 염려하였다. 전전과 같은 '국체'를 가능한 한 보호·유지하려고 하는 보수파는 이 논문을 큰 원군으로 받아들일 것이고, 천황제 타파를 부르짖는 좌파로부터는 강한 비판을 받을지 모른다고 생각했다.

하니 고로와의 '큰 싸움'

곤혹스러운 요시노는 쓰다에게 가필을 부탁하기 위해 히라이즈미를 방문한다. 이 사이의 경위에 대해서는 『직업으로서의 편집자』에 수록된 "종전 직후의 쓰다 선생"에 요시노 자신이 자세히 쓰고 있다. 거기서는 언급되고 있지 않지만, 요시노는 쓰다 논문을 둘러싸고 정치적 이용 운운하기 이전에 암파서점 내부의 난제를 안고 있었다. 당시 『세계』 편집부원은 요시노 이외에 3명이었는데 쓰다 논문을 읽은 부원들로부터도 게재중지를 요구받고 있었다. 이 점은 당시 편집부원이었던 하나와 사쿠라(塙作樂)가 저서 『암파이야기―나의 전후사(岩波物語―私の戰後史)』에서 증언하고 있다.

한편, 이에 대해서도 요시노가 직접 언급하고 있지는 않지만, GHQ의 동향이 크게 마음에 걸렸을 것이다. 전시하의 출판규제 법제는 폐기되었으나 GHQ에 의한 검열이 시작되고 있었다. '우리들의 천황'에 대한 사랑을 솔직하게 토로한 쓰다 논문을 그대로 게재해도 '괜찮을까' 하는 우려가 요시노의 머리를 스쳤을 것이다.

GHQ에 의한 검열문제는 뒤에서도 언급하겠지만, 『세계』는 이미 아베 요시시게의 창간호 권두논문이 검열로 두 군데 삭제되는 조치를 받았다.

이러한 상황 속에서 요시노는 역사학자 하니 고로(羽仁五郎)에게 쓰다 논문을 읽어 보게 하였다. 하니가 쓰다와 교우가 있다는 점을 알고 있던 요시노는 가필이든 수정이든 해주도록 쓰다를 설득해 주었으면 하고 생각했을 것이다. 그런데 요시노에 의하면, 하니는 "이런 논문은 지금 절대로 발표해서는 안 된다. 몰서(沒書)해 버려"라고 말했다고 한다.

요시노는 "그건 안 된다. 몰서한다면 그 주장의 근거를 논문으로 써주기 바란다"고 요구했다. 하니는 '적임이 아니다'며 물러선다. 결국 상당한 언쟁 끝에 버리는 것은 절대로 안 된다는 요시노에 대해 하니는 다음과 같이 말했다고 한다.

그러면, 자네는 일본의 혁명이 성공한 다음에 이 논문을 발표한 책임을 추궁받아도 좋은가. 그때 자네 목에 새끼줄이 걸려도 좋은가.*

* 하니 고로가 요시노 겐자부로에게 했다는 이 말에 관해 나는 이전 『암파서점과 문예춘추(岩波書店と文藝春秋)』에 "이런 것을 실었다가 혁명이 일어나면 기요틴이야"라고 기록했다. 이 기재를 몇몇 저서가 인용하고 있다. 어떤 역사학자로부터는 '출전이 어딘지'에 관한 문의도 받았다. 나 자신은 당시 이 일을 취재한 암파서점 관계자에게 이대로의 표현을 들었지만 활자로 남은 전거는 없다. 여기서는 요시노가 『직업으로서의 편집자』에 기록하고 있는 표현을 사용했다.

요시노는 "그런 일로 목에 새끼줄을 걸려면 걸어 보라지"라고 답했다고 한다. 상당히 '큰 싸움'이었다고 할 수 있을 것이다. 계획이 깨진 요시노는 장문의 편지를 쓴 뒤 스스로 설득하기 위해 히라이즈미로 쓰다를 찾아간다.

여덟 쪽에 걸친 '해명'

쓰다는 논문의 맺음말 부분의 몇 군데를 고쳤을 뿐, 결국 요시노의 설득에 응하지 않았다. 요시노는 차선책으로 쓰다 논문의 게재호에 쓰다에게 보낸 자신의 편지를 채록하는 것을 부탁하여 그의 허가를 받았다.

이렇게 해서 『세계』 1946년 4월호에 쓰다의 "건국 사정과 만세일계의 사상"이 게재되고, 권말 가까이에 '편집자'의 서명으로 "'건국 사정과 만세일계의 사상'에 대해"라는 페이지당 삼단 구조의 여덟 쪽에 걸친 장문이 수록되었다. 4백자 원고지로 하면 약 30매에 이른다. 전체적으로 석학에 대한 겸손과 '그러나 어떻게든 하지 않으면'이라는 기분이 뒤섞인 번잡하고 기묘한 문장인데 모두부터 이런 식이다.

이번 달 호에 게재한 쓰다 박사의 논문 발표에 대해서는 이미 다음과 같은 서한이 편집자로부터 박사에게 보내져 그에 기초하여 박사가 마지막 부분에 가필했음을 독자에게 보고해 두지 않으면 안 된다.

요시노는 쓰다의 '우리들의 천황'론이 '국체 보호·유지'파에 정치적으로 이용될 우려를 강조한다. 한편, 쓰다에게 경애의 마음을 품고 있는 '일반적으로 진보적이라고 불리는 경향이 있는 사람들'의 반발을 살 것도 우려한다. 그리고 쓰다의 설이 반동적인 것이 아니라는 점을 거듭해서 설명한다.

노사카 산조가 천황제 문제를 (1) 정치제도로서의 천황제를 어떻게 할 것인가, (2) 천황 또는 황실을 장래 존속시킬 것인가 어쩔 것인가, (3) 현재의 천황 개인을 어떻게 할 것인가 하는 세 가지 측면에서 논하고 있는 것을 언급하여 "(쓰다) 선생의 논설은 … 황실옹호론이기는 해도 천황제 옹호론은 아니라 할 수 있다"고도 쓰고 있다.

단적으로 말하면, 요시노는 '국체 보호·유지론'으로 받아들여질지도 모르는 논문을 게재하였지만, 우리들은 결코 '반동'이 아니니까, 라고 '해명'하고 있는 것이다. '해명'의 대상이 꼭 일반 독자였던 것은 아니었다. '해명'은 무엇보다도 동료 편집부원을 포함한 천황제 비판자들을 향하고 있었을 것이다.

여하튼, 요시노는 기요틴이 떨어지지도, 그 목에 새끼줄이 걸리지도 않았다. 3월 6일 정부는 주권재민·상징천황·전쟁방기를 규정한 헌법요강을 발표하고 맥아더(Douglas MacArthur) 원수는 그것을 전면적으로 승인하는 성명을 발표했다. 쓰다 논문이 게재된 『세계』 4월호가 발매된 것은 그 직후가 된다.

마루야마 논문의 충격

쓰다 논문의 다음 달, 『세계』 5월호에 마루야마 마사오의 "초국가주의의 논리와 심리(超國家主義の論理と心理)"가 실렸다. 거듭 그 '충격'이 언급되어 온 고명한 논문이다.

마루야마는 전중(戰中)부터 『국가학회 잡지(國家學會雜誌)』에 "근세 유교 발전에서의 소라이(徂徠)학의 특질과 국학과의 관련(近世儒教發展における徂徠學の特質並にその國學との關連)" 등의 논문을 발표했다. 학계에서는 이미 날카로운 신진연구자로서 주목받고 있었을 것이다. 그렇지만 학계 이외에서는 무명인이었다. 어떠한 경과로 마루야마는 『세계』에 논문을 발표하게 된 것일까.

마루야마 자신의 회고에 의하면, 1946년 2월경 요시노 겐자부로가 하나와 사쿠라를 데리고 연구실로 와서 의뢰를 받았다고 한다(『마루야마 마사오 회고담 (상)』). 하니와에 대해서는 앞에서 저서 『암파이야기—나의 전후사』를 소개했다. 마루야마와는 초등학교부터 구제 일고(一高)까지 동창이었다. 요시노는 마루야마를 추천하는 다나카 고타로의 편지를 지참했다. 다나카는 도쿄대학 법학부의 원로교수로, 이 시기에 『세계』와 관계가 깊었던 동심회 멤버라는 것은 앞에서 언급했다.

『마루야마 마사오 저작 노트(丸山眞男著作ノート)』에 의하면, 이 논문은 3월 22일에 완성했다고 한다. 마루야마는 이 논문을 "4, 5일 만에 써버렸다"고 말하고 있다(『마루야마 마사오 회고담

(하)』). 2월에 의뢰받은 논문을 이 시기에 한 번에 썼다는 것일까. "쓴 테마는 주문에 의한 것이 아닙니다. 내가 마음대로 쓴 것이지요"〔『마루야마 마사오 회고담 (상)』〕라고 한다. 그러면 쓰다 논문과는 직접 관계가 없는 것이 된다.

그렇지만, 천황제 옹호의 쓰다 논문으로 곤란해진 요시노가 "일본공산당계의 학자가 아니면서 천황제 비판을 할 학자를 찾았다"는 기술〔마쓰우라 소조(松浦總三), 『전후 저널리즘사론—출판의 체험과 연구(戰後ジャーナリズム史論—出版の體驗と硏究)』〕도 있다. 단, 이 말의 전거는 불분명하다. 요시노 자신이 쓰다 논문과 마루야마 논문과의 직접적인 관련을 말하고 있는 것도 아니다.

많은 사람들이 마루야마 논문을 읽은 충격에 관해 이야기했는데, 여기서는 두 사람의 회상을 소개하고자 한다.

1964년 10월호 『중앙공론』이 '전후 일본을 만든 대표논문'을 뽑는 특집을 했다. 마루야마 논문은 10편의 필두로 뽑혀 재록되었다. 역사가 하기와라 노부토시(萩原延壽)가 단문을 기고하고 있다. 마루야마 논문을 읽었을 때 하기와라는 구제 삼고(三高) 3학년이었다고 한다.

마루야마 씨의 논문이 실린 잡지 『세계』를 입수하는 것은 쉬운 일이 아니었다. 그것은 서점의 가판대에서 곧 모습을 감추었다. 갱지에 인쇄된 잡지를 친구와 지인 사이에 회람하면서 우리들은 이 논문을 읽었다. 그리고 눈에서 비늘이 떨어진다는 말대로 충격과 전율을 느꼈다. 1945년 8월 15일 이후에도 우리들 안에 잔존하고 있던 일본 제국의 정신이 이제 소리를 내며 무너지기 시작하는 것을 느꼈기 때문이다. 그렇게 우리들의 정신에 있어서의 '전후'가 시작되었다.

필자의 추억담을 덧붙이자면, 이 고명한 논문을 필자가 처음 접한 것은 바로 『중앙공론』의 특집이었다. 고교 3학년 때이다. 마루야마 논문은 예스럽고 읽기 어려웠던 기억밖에 없다. 충분히 내용을 이해하지 못했을 것이다. 그렇지만 거기에 첨부되어 있던 하기와라의 단문의 이 일절은 선명하게 기억하고 있다. "허, 그렇게 대단한 논문이야" 하고 소박하게 생각했었다.

또 한 사람은 정치평론가 후지와라 히로타쓰(藤原弘達)의 회상이다. 후지와라는 마루야마 논문을 읽은 날을 다음과 같이 돌이키고 있다〔『후지와라 히로타쓰의 삶과 사색 2—선택하다(藤原弘達の生きざまと思索 2—選ぶ)』〕.

그날 밤 논문을 일독하고 강한 충격을 받았다. 그것은 전신이 마비되는 것 같은 그야말로 '전격적인' 충격이었다고 해도 결코 과언이 아니다. 잡지는 곧 돌려주어야 했기 때문에 철야해서 노트에 베껴 썼다. 그것을 몇 번이고 몇 번이고 반복해서 읽었다. …
마루야마 씨의 학문을 하지 않으면, 자신의 인생, 자신의 앞으로의 삶은 있을 수 없는 것이 아닐까 라고까지 믿었다.

후지와라는 겨우 얻은 일을 사임하고 마루야마에게 수학하기 위해 도쿄대학 대학원에 들어간다. 논문 한 편이 한 사람의 인생을 바꾼 것이다.

회상이 아니라 리얼타임의 충격을 전하는 문장도 있다. 아직 절반 크기의 앞뒤뿐이었던 6월 24일 아사히신문의 2면 한쪽 구석에 실린 '잡지평'이다. 마루야마 논문을 다음과 같이 절찬하였다.

논단 매너리즘의 벽에도 겨우 구멍이 뚫릴 때가 왔다. 의심스러운 사람은 마루야마 마사오의 "초국가주의의 논리와 심리"(『세계』 5월호)를 보면 된다. 권위와 권력의 이상한 합일화로 이루어진 일본의 국체는 도저히 봉건적이라는 말 등으로 정리되는 것은 아니지만, 여기서는 그것을 지극히 착실한 방법으로 분석하고 있다. 사고의 전개 솜씨도 자료의 취급 솜씨도 젊음이라는 것의 가치를 생각하게 하는 새로운 스타일이 있다. 아니, 무엇보다도 학문의 힘을 확실히 보여 주고 있다.

마지막에 '아톰'이라는 필명이 있으나 필자는 불분명하다.

이 기사에 대해서는 마루야마 자신 훗날 "그것을 계기로 나 자신이 질릴 정도로 넓은 반향을 불러일으켰다"〔동 논문을 수록한 『증보판 현대정치의 사상과 행동(增補版 現代政治の思想と行動)』의 "후기", 『마루야마 마사오집 제9권』〕고 적고 있다. "(원고 의뢰의) 편집자가 1주간에 십수 명 왔어요. 아내는 질려 버렸죠. 건실한 잡지가 수십 개 있었는데 그것이 거의 전부 온 거죠"라는

상황이었다〔『마루야마 마사오 회고담 (하)』〕.

32세가 된 지 얼마 안 된 도쿄대학 법학부 조교수는 일약 논단의 총아가 되었다.

천황제의 정신구조를 분석

"초국가주의의 논리와 심리"는 왜 많은 사람들에게 이와 같은 '충격'을 준 것일까.

마루야마는 천황제의 정치적 구조와 경제적 기반을 분석한 것이 아니었다. 일본의 국가체제를 뒷받침해 온 이데올로기를 초국가주의로 파악하여 그것이 '심리적인 강제력'을 작동시키게 된 것은 왜일까 하고 물었던 것이다. 독자는 화려하다고도 할 만한 신선한 분석을 접하여 '그런가, 그런 것이었어' 하고 스스로의 마음속을 절개하여 드러낸 느낌이었다.

유럽 근대국가가 진리와 도덕과 같은 내용적 가치에 대해서는 중립적인 입장을 취하는 '중성국가'였던 데 대해 초국가주의 국가 일본에서는 국가주권이 정신적 권위와 정치적 권력을 일원적으로 점유했다고 마루야마는 지적했다. 정점에는 물론 천황이 있었다. "전 국가질서가 절대적 가치체인 천황을 중심으로 해서 연쇄적으로 구성되어 위에서 아래로의 지배 근거가 천황으로부터의 거리에 비례한다"는 것이다.

더욱이 가치의 궁극적 원천인 천황도 "결코 무에서 가치를 창조한 것은 아니었다." "천황은 만세일계의 황통을 이어받아 황조황종(皇組皇宗)의 유훈에 의해 통치한다"는 것이다. 이러한 국가의 형태를 다음과 같이 말한다.

천황을 중심으로 해서 이로부터 다양한 거리에 만민이 익찬(翼贊)한다는 사태를 하나의 동심원으로 표현하면, 그 중심은 점이 아니라 사실은 그것을 수직으로 관통하는 하나의 세로축(縱軸)이다. 그리하여 중심으로부터의 가치의 무한한 유출은 세로축의 무근(無根)성, 즉 천양무궁(天壤無窮)한 황통에 의해 담보되고 있다.

독자는 제각각 입체적인 이미지를 떠올렸을 것이다. 자신이 이 원추의 어디쯤 위치하고 있었는지를 생각하게 되었는지도 모른다.

쓰다와 마루야마

마루야마 논문의 마지막은 잘 알려진 문장으로 끝맺고 있다.

일본제국주의에 종지부가 찍힌 8월 15일은 또한 동시에 초국가주의의 전 체계에서 기초인 국체가 절대성을 상실하고 지금 처음으로 자유로운 주체가 된 일본 국민에게 운명을 맡긴 날이기도 했다.

이 논문이 집필되고 있던 시기에 일본은 점령 하에 있었다. 그런 의미에서 '자유로운 주체가 된 일본 국민'은 아직 완전한

형태로 존재한 것은 아니었다. 단지 국체(천황제)에 대한 마루야마의 입장은 확실했다. 훗날 그는 이 논문을 썼을 때를 회상하며 다음과 같이 지적하고 있다. 1989년 발표된 "쇼와 천황을 둘러싼 단편적인 회상"(昭和天皇をめぐるきれぎれの回想, 『마루야마 마사오집 제15권』)의 일절이다.

　… 이 논문은 나 자신의 히로히토(裕仁) 천황 및 근대천황제에 대한 중학생 이래의 '생각'에 마침표를 찍었다는 의미에서 … 그 객관적 가치와 관계없이 … 나의 '개인사'에서 큰 획기가 되었다. 패전 후, 반년이나 고민한 끝에 나는 천황제가 일본인의 자유로운 인격 형성—자기 양심에 따라 판단하고 행동하며 그 결과에 대해 스스로 책임을 지는 인간, 곧 '아마에'에 의존하는 것과 **반대의** 행동양식을 갖는 인간유형의 형성—에 치명적인 장애가 된다는 귀결에 **겨우** 도달했다(강조는 원문).

즉, 일본인은 천황제에 의해 자유로운 인격 형성이 방해받고 있다는 것이다. 그리고 "초국가주의의 논리와 심리"에 의하면, 천황제의 중심인 천황의 권위와 권력의 원천은 '만세일계의 황통'이었다.

여기서 쓰다 논문을 상기하기 바란다. 쓰다에게서 '만세일계의 황통'은 오랜 역사 속에 배양되어 일본인이 경애의 대상으로 여겨 온 것이다. 따라서 국민주권의 시대가 된 지금 황실은 '국민의 황실'인 것이며, 국민은 '우리들의 천황'을 사랑하지 않으면 안 된다. 쓰다는 그렇게 설명하였다. 쓰다의 설은 '천황제 옹호론'이 아니라 '황실 옹호론'이라고 요시노는 설명하고 있지만, 마루야마의 지론과 논리와 대비할 때 이 구별은 의미를 갖지 못할 것이다. 천황이 존재한다는 국가의 형태를 플러스로 이해할 것인지, 마이너스로 할 것인지, 쓰다와 마루야마를 나누는 분기점은 확실하다.

마루야마 마사오는 "초국가주의의 논리와 심리"를 씀으로써 잡지 편집자들이 문전성시를 이루는 '논단의 총아'가 되었다. 그후에도 활약의 큰 무대는 『세계』였다.

편집장 요시노의 기묘한 문장을 수반하여 논문이 게재된 쓰다 소키치는 그후 『세계』에 등장하는 것은 드물어졌다. 본격적 논고는 없다. 쓰다 등 '동심회' 그룹이 『세계』와는 별도로 『심』을 창간했음은 앞에서도 언급했는데, 그는 " '건국기념일'을 정하자"(「建國紀年の日」を設けたい, 1949년 7월호) 등의 글을 『심』에 정력적으로 기고하게 된다.

제4장
평화문제담화회—주장하는 『세계』

선두를 독주하는 「세계」

1946년 11월 3일 상징천황을 정한 일본국헌법이 공포된다(시행은 1947년 5월 3일). 같은 해 5월 3일 극동국제군사재판(도쿄재판)이 시작되고 6월 18일 수석검사 키난(Joseph Berry Keenan)은 천황을 소추하지 않는다는 성명을 발표했다.

천황 · 천황제 문제는 물론 그후에도 논단의 큰 테마였지만, 점령종료 후를 시야에 두고 '새로운 일본'이 국제사회 속에서 어떠한 위치를 차지할 것인가가 논단 최대의 관심사가 되었다.

1946년 5월호에 게재된 마루야마 마사오의 "초국가주의의 논리와 심리"로 잡지로서 큰 주목을 받은 『세계』는 이러한 상황과 싸우기 위해 논단지로서 과감하게 맞서 갔다. 뒤에 언급되겠지만, 평화문제담화회를 만들어 다양한 활동을 전개한 것이 가장 큰 사례이다.

이 시기부터 1960년의 미일안보조약 개정을 둘러싸고 공전의 대중적 운동이 일어난 '60년 안보'의 시기까지 『세계』는 말 그대로 논단지의 챔피언으로 군림한다.

두 가지의 흥미 깊은 독서조사 데이터가 있다(후쿠시마 주로, 『신판 전후잡지 발굴』).

하나는 일본출판협회가 1946년 7월 일본독서신문(日本讀書新聞), 가호쿠신보(河北新報), 홋카이도신문(北海道新聞) 등 십수 지를 통해 일반의 협력을 요청하여 집계한 조사이다. 응답자는 2,062명이다. '현재 읽고 있는 잡지'는 『세계』가 407명으로 1위, 이하 『인간(人間)』이 350명, 『중앙공론』이 249명, 『전망』이 238명, 『개조』가 238명 등이다.

이 시기 『세계』는 앞에서 인용한 편집장 요시노 겐자부로의 '즐거운 비명'대로 '읽고 싶어도 좀처럼 읽을 수 없는 잡지'였음을 알 수 있다. '읽고 싶은 잡지' 1위는 『세계』라고 498명이 응답했다. 2위의 『인간』 293명을 크게 앞지르고 있다. '읽게 하고 싶은 잡지'에서도 『세계』는 147명으로 1위이다.

더욱이 '금년 들어 가장 감탄한 잡지'의 항목에서는 『세계』 4월호가 113명으로 최고였을 뿐만 아니라, 『리더스 다이제스트』 6월호가 35명으로 3위에 들어 있는 이외에 5위까지 『세계』가 독점하고 있다(4월호 이외는 1월호, 3월호, 5월호). 창간과 동시에 『세계』는 많은 사람들을 매혹시킨 것 같다.

다른 하나는 1947년 6월 『세계』 창간에서 1년 반 후, 도쿄상과대학〔東京商科大學, 현재의 히토쓰바시(一橋)대학〕에서 실시한 '잡지독서경향여론조사'이다. 응답자는 771명이다.

조사방법에 대한 데이터는 없지만, 아마도 '평소 읽고 있는 잡지는 무엇입니까' 하는 질문이었을 것이다. '종합문예잡지' 항목에서 『세계』를 든 사람은 315명이다. 2위 『중앙공론』의 202명을 큰 차이로 따돌리고 단연 1위다. 이 밖에 『인간』이 172명, 『리더스 다이제스트』가 168명, 『개조』가 166명, 『전망』이 142명 등이다.

『세계』가 널리 읽히고 있었다는 점, 특히 대학생에게 압도적인 인기가 있었다는 점을 알 수 있다. 도쿄상과대학 학생은 절반 가까이가 『세계』를 읽고 있다.

덧붙이자면, 후에 크게 부수를 늘려 오늘에 이르기까지 종합잡지의 왕좌에 있는 『문예춘추』는 전자의 '현재 읽고 있는 잡지'에서는 42명, 후자의 조사에서는 47명이다.

하이쿠는 '제2예술'

그런데 『세계』를 무대로 한 평화문제담화회의 활동을 언급하는 것이 순서이지만, 그전에 잠시 두 군데 '샛길'로 빠지고자 한다. 결코 쓸모없는 일은 아닐 것이다.

먼저 1946년 11월호의 『세계』에 게재된 구와바라 다케오의

"제2예술—현대 하이쿠에 대해(第二藝術—現代俳句について)"를 살펴보자. 구와바라는 교토(京都)대학에서 프랑스문학을 배우고 당시 도호쿠(東北)대학 조교수였다. 1948년 교토대학 인문과학연구소로 옮겨 오랫동안 소장을 지냈다. 다채로운 재능을 찾아내 다수의 공동연구를 조직했다.

논문의 모두 부분에서 구와바라는 작자를 감춘 채 유명 하이진(俳人)[9]의 작품 10구(句)와 아마추어 내지 신인의 작품 5구를 열거한다. "평생 하이쿠를 읽은 적이 없고 하이쿠를 지은 경험도 전혀 없는 나는 이것을 앞에 두고 중학생 시절 히라카타(枚方)에 국화를 보러 갔을 때의 인상을 상기한다"는 것이다.

안돈(行灯)[10]즈쿠리, 현애(懸崖)즈쿠리 등 각 유파별로 제각각 고심은 있었겠지만, 나에게는 우열을 매길 기분도 들지 않고 단지 따분할 뿐이었다. 다만, 이들 구(句)를 앞에 했을 때 예술적 감흥을 거의 느끼지 않는 것은 국화의 경우와 마찬가지이지만, 그 외에 일종의 속 터지는 마음이 일어나는 것을 금할 수 없다.

구와바라는 서구의 근대문학이나 시와 하이쿠를 대비한다. 전자에서는 작품이 작가에게서 자립하여 존재한다. 그런데 하이쿠는 어떠한가. 일구(一句)만으로는 작가의 우열을 알기 어렵

---

9) 하이쿠를 짓는 사람을 가리킨다.
10) 여기서는 화분의 나팔꽃 덩굴을 올리는 둥근 테를 가리킨다.

고 대가와 아마추어의 구별이 안 된다. 요컨대 구와바라는 하이쿠는 노인이 시간 때우기로 즐기는 국화 만들기와 같은 것이라고 말한다.

국화 만들기를 예술이라 하는 데는 주저된다. '예'라고 하는 것은 가능하다. 굳이 예술이라는 이름을 붙이려면 현대 하이쿠를 '제2 예술'이라 불러 다른 것과 구별하는 것이 좋다고 생각한다.

지금 이 논문을 읽으면, 구와바라의 고압적인 필치에 약간 질리게도 된다. 구와바라에게는 '유럽의 위대한 근대 예술'〔톨스토이(Aleksei Nikolaevich Tolstoi)나 로댕(François Auguste René Rodin)이나 발레리(Paul Valéry)와 같은 이름이 거기에 등장한다〕이 '제1예술'인 것이다. '근대 서구'의 입장에서 '후발 일본'을 단죄하는 전형적인 근대주의적인 도식이 여기에 있다.

구와바라의 '하이쿠단죄'는 하이쿠계는 물론 하이쿠와 같이 정형단시인 단카(短歌)의 세계에서도 큰 반발을 불렀다. 그 동향이나 현대에서의 '하이쿠 제2예술론'의 평가 문제 등 흥미로운 논점은 있지만 할애하지 않을 수 없다. 여기서는 패전 직후인 이 시기 구와바라의 '제2예술'과 같이 근대주의적 입장에서의 성급한 '후발 일본' 단죄가 설득력을 가졌다는 점만을 지적해 둔다. 물론 논단은 일본의 지적 세계를 석권하고 있었던 이러한 분위기와 무관할 수는 없었다.

GHQ의 검열

아베 요시시게의 『세계』 창간호 권두논문이 GHQ의 검열로 두 군데 삭제처분을 받았다는 것은 이미 앞에서 지적하였다. 다른 하나의 '샛길'은 이 시기의 GHQ 검열에 대한 것이다.

지금까지 종합잡지가 잇따라 창간되고, 그 가운데 『세계』가 챔피언이 되어 갔다는 점을 지적해 왔다. 이러한 일은 말할 것도 없이, GHQ 검열이라는 틀 속에서 일어나고 있었다. 검열의 존재나 그 구체적인 내용이 이러한 상황과 어떠한 관계가 있었는지(혹은 없었는지)에 대해 필자 자신은 현재 답을 갖고 있지는 않다. 이하 GHQ 자료를 구사한 야마모토 다케토시(山本武利)의 『점령기 미디어분석(占領期メディア分析)』에 의해 잡지검열의 개요를 기록해 둔다.

GHQ의 잡지검열은 1945년 9월에 이미 시작되었다. 이 달에 67지가 사전검열을 받았고, 66지가 사후검열을 받았다. 창간잡지가 늘어남과 동시에 이 수는 10월 이후 거의 매월 늘어나 1946년 12월에는 사전검열 1,016지, 사후검열 1,547지가 되었다. 1947년 이후 검열 측에 부담이 많은 사전검열에서 사후검열로 이행되는 잡지가 늘었다.

그러나 같은 해 10월 초 GHQ 자료에서는 여전히 28지가 사전검열 대상으로 남아 있다. 일단 사후검열로 이행한 후에도 문제가 있으면 사전검열로 되돌아가는 일도 있었던 것 같다.

『세계』는 이 시기 28지 안에 들어 있었으며 그 밖에도 『중앙

공론』,『개조』,『문화평론』,『세계평론』 등이 포함되었다. 이 자료
에는 각 잡지의 개요와 기간은 잘 모르겠지만 각 잡지의 처분건
수가 기재되어 있다.『세계』는 '공표금지 1회, 일부삭제 84회',
『중앙공론』은 '일부삭제 78회',『개조』는 '공표금지 1회, 일부
삭제 45회'이다. 현저하다고는 할 수 없지만,『세계』의 처분건수
가 가장 많다. GHQ에 의한『세계』의 검열에 대해서는 편집부
원이었던 하나와 사쿠라의 증언이 있다. 그에 따르면 "점령군의
민간 검열부(CCD, Civil Censorship Detachment를 말한다)에 의해
게재할 수 없게 된 것이 대단히 많았다"고 한다(『암파이야기―나
의 전후사』).

매 호의 교정지가 모이면 CCD에 그것을 가지고 간다. 수일
후 다시 찾아가 검열결과를 받아 온다. 삭제 지정이 있거나 하
면 경우에 따라서는 쪽수를 조정할 필요가 있기 때문에 새로운
원고를 추가하는 경우도 있었다. 추가원고가 있으면 그것도 검
열을 받아야만 했다.

창간호의 아베 논문에는 확실히 두 군데 삭제의 흔적이 있다.
먼저 논문의 후반 "일억옥쇄와 같은 것이 승인되는 것은 전쟁이
불가피하다는 도덕적 의의의 진실과 그것의 깊고 두터움이 그렇
게 하지 않으면 국민의 생존을 단순한 동물적 생존으로 끝나게
하는 부득이한 경우에 한해서이다"라는 문장과 "그러나 일본인
은 전쟁의 성공에 의해, 또는 전쟁이 해외에서 일어나 본국이 직
접적인 전화를 받지 않았다는 점 …" 사이에 〈67자분 여백〉이라
고 되어 있다. 더욱이 그 조금 뒤에도 〈41자분 여백〉이라고 되

어 있는 곳이 한 군데 있다.

삭제된 내용은 당연히 불분명하지만 앞부분은 문맥상 제1차 세계대전에 대해 말하고 있는 것으로 생각된다. 아마도 '군국주의 찬미'로 받아들여졌을 것이다.

하나와는 "검열 방침도 처음에는 '비민주적'인 것에 국한되어 있었지만 점차 변해서 그 반대라고 할 수 있을 정도가 되었다"고 지적하고 있다. 하나와가 게재금지가 된 구체적인 예로 들고 있는 것은 2·1총파업 움직임에 관한 마쓰모토 신이치(松本愼一) 논문과 농지개혁에 대해 정부 농업정책을 비판한 이토 리쓰(伊藤律) 논문 등 둘이다. 두 사람 모두 일본공산당 활동가로 이토는 간부였다(하나와도 마쓰모토의 권유로 공산당에 입당하고 있었다).

요시노 겐자부로의 회상에서는 '홀드(hold)'라는 보류 혹은 정지의 처치가 있고, '홀드'가 많았던 것은 중국관계였다. "중국의 혁명에 관한 기사 전체가 거의 전부 삭제되었다"고 한다〔"전후 30년과 『세계』 30년(戰後の三十年と『世界』の三十年)" 요시노 겐자부로, 『'전후'에의 결별(「戰後」への訣別)』에 수록〕.

GHQ의 검열은 1949년 10월 민간검열지대(CCD)가 해산될 때까지 계속되었다.

평화문제담화회의 탄생

하나와 증언이 보여 주는 GHQ 검열의 방향전환은 미국과 소련 사이에 냉전이 시작되었기 때문에 당초 '민주화'에 중점이 놓였던 점령정책이 '반공'으로 바뀐 것에 기인한다. 이른바 '역코스'이다.

제2차 세계대전 종결 후, 동유럽에서는 사실상 소련의 손에 의해 차례로 사회주의국가가 탄생했다. 1946년 3월 5일에는 전 영국 수상 처칠(Sir Winston Leonard Spencer Churchill)이 '철의 장막' 연설을 했다. 1947년 3월 12일에는 미국 대통령 트루먼(Harry Truman)이 '트루먼 독트린'을 발표한다. 직접적으로는 터키, 그리스에 대한 원조에 관한 것이었지만, 팽창하는 사회주의 세력에 대한 단호한 대응 의지가 표명되었다.

1948년 4월 1일 소련은 미국, 영국, 프랑스가 통치하고 있던 서베를린의 육상운송 규제를 시작했다. 이른바 베를린봉쇄이다. 미국을 중심으로 한 서측과 소련과의 긴장은 한꺼번에 높아졌다. 이 해 7월과 8월 한반도에서 한국과 북한이 탄생했다. 중국에서 계속되는 공산당과 국민당 간 내전의 행방도 불투명한 채였다. 냉전은 일본에게도 가까운 일이 되었다.

제3차 세계대전이 일어나는 것이 아닌가 하는 불안이 현실성을 띠고 언급되고 있었다. 시미즈 이쿠타로는 당시 나카노 요시오와 "5년 이내에 제3차 세계대전이 일어날 것인가 아닌가"에 대해 내기를 걸었다고 한다(『내 인생의 단편』).

누가 일어나는 쪽에 걸었는지, 둘 다 일어나지 않는 쪽에 걸었는지 기억이 나지는 않지만, 또 어느 쪽이 이기든 만약 전쟁이 일어나면 그 첫째 날이나 둘째 날 두 사람 모두 죽게 될 것이기 때문에 그다지 의미가 없는 내기였지만, 우리 두 사람뿐만 아니라 모든 일본인이 그러한 내기를 하고 싶어지는 분위기 속에 살고 있었다.

제3차 세계대전이 일어난다면 그것은 인류멸망의 핵전쟁이다. 평화문제담화회는 이러한 상황에 대한 지식인의 응답으로 탄생했다고 할 수 있다. 그 무대가 『세계』였다. 이미 지적한 바와 같이, 창간 직후부터 광범위한 독자들의 지지를 받은 『세계』는 머지않아 '전후진보주의' 혹은 '전후민주주의'라 불리는 진영의 거점이 되어 간다. 그 커다란 계기가 평화문제담화회였다.

그후 평화문제담화회 활동의 입장에서 보면 약간 얄궂은 일이지만 결성의 단서는 GHQ의 검열과 깊이 관련되어 있다.

하나와가 쓴 바와 같이, 『세계』 편집부원은 매 호의 교정지가 모이면 사전검열을 받기 위해 그것을 CCD로 가져갔다. 그때 민간정보교육국(CIE, Civil Information & Education Section)이 잡지 편집용으로 자료를 주는 일이 있었다. CIE 입장에서는 점령 하 여론지도의 일환이었을 것이다.

1948년 9월 어느 날, 요시노 겐자부로는 이 루트를 통해 영문으로 작성된 문서를 입수한다. 제목은 "A Statement by Eight Distinguished Social Scientists on the Causes of Tensions Which Make for War"로 타이프라이터 용지 3매 정도였다. 직역하면 '전쟁에 이르는 긴장 요인에 대한 8명의 뛰어난 사회과학자 성명'이다. '전쟁을 막으려면 어떻게 해야 하는가' 하는 문제의식

아래 8명의 사회과학자가 토의하여 정리한 것이다. 이 해 7월 13일 파리의 유네스코본부에서 발표된 이 문건의 핵심은 전쟁은 인간성의 불가피한 결과가 아니라는 것이었다.

성명에는 미국, 프랑스, 영국, 캐나다, 브라질 외에 당시 소련의 산하에 있었던 헝가리 학자도 포함되어 있다. 독일에서 이탈리아로 망명해 있던 막스 호르크하이머(Max Horkheimer)의 이름도 있다. 헝가리에서 참가한 것은 부다페스트대학 교수 겸 헝가리외교문제연구소 소장 알렉산더 설라이(Alexander Szalai)였다.

요시노는 이데올로기나 체제를 초월한 학자들의 협력을 접하고는 '일본에서도 똑같은 시도가 필요하지 않을까' 하고 생각하여 정력적으로 뛰어다녔다.

지식인집단으로서

그렇지만 요시노는 당초 '학자들의 협력'을 뛰어넘는 것 역시 시야에 넣고 있었다. 예컨대 정치인의 참가도 고려하여 공산당의 노사카 산조에게 제의할지 여부에 대해 고이즈미 신조와 상담하였다. 고이즈미는 노사카가 게이오대학 시절에 가르침을 받은 은사였다. 그러나 고이즈미는 공당의 책임자가 공개된 장소에서 속마음을 터놓고 개인적인 생각을 말할 가능성은 없을 것이라며 요시노의 생각에 부정적이었다(요시노 겐자부로, 마루야마 마사오, "아베 선생과 평화문제담화회," 요시노 겐자부로, 『'전후'에의 결별』 수록).

요시노는 본래 노사카가 중국에서 귀국하여 내건 '민주전선' 구상과 야마카와 히토시(山川均)가 제창한 '민주인민전선'에 큰 기대를 걸고 있었다. 『직업으로서의 편집자』에도 1946년 초기의 격동기를 되돌아본 다음과 같은 일절이 있다.

나는 지금도 '그 당시 만약 노사카 씨나 야마카와 씨가 제창한 것과 같은 통일전선이 생겨 1947년경부터 확실해진 점령정책의 우향우 이전에 일본의 정권을 담당했었다면 …' 하고 생각할 때가 있다.

요시노는 유네스코 성명을 접하고 자기 나름대로의 입장에서 이러한 '통일전선'을 구상했는지도 모른다. 결국 평화문제담화회는 지식인집단으로 형성되는데, 탄생 이전의 이러한 요시노의 생각은 머지않아 평화문제담화회가 지식인의 단순한 연구집단을 넘는 것이 된 것과 무관하지 않을 것이다.

여하튼 조직자로서의 요시노의 능력이 유감없이 발휘되었다. 우선 도쿄와 간사이(關西)로 나누어 각각 문과, 법정, 경제, 그리고 도쿄에서만 자연과학 등 전부 7개의 부회를 구성하여 유네스코 성명을 논의했다.

그것을 각자 가지고 모여 12월 12일에는 도쿄 시나노초(信濃町)의 메이지기념관에서 동서합동의 평화문제토의회를 열어 '전쟁과 평화에 관한 일본 과학자 성명(戰爭と平和に關する日本の科學者の聲明)'을 발표하였다. 성명은 토론 내용, 각 부회 보고와 함께 1949년 3월호의 『세계』에 수록되었다.

1948년 12월 12일 메이지기념관에서 열린 평화문제를 생각하는 동서 과학자의
토론회(ⓒIwanami Shoten, Publishers, Tokyo)

전체 토의회를 앞두고 유네스코 성명에 대해 논의를 거듭하
고 있었던 각 부회를 내부에서는 '유네스코회'라 불렀는데, 이
성명 발표 후, 평화문제담화회라는 이름을 내걸고 활동을 계속
했다.

토론회 참가자 명부에는 55명의 이름이 들어 있는데 그 폭이
꽤 넓다. 한편에는 『세계』 창간에 관여한 동심회의 아베 요시시
게, 아마노 데이유(天野貞祐), 와쓰지 데쓰로, 다나카 고타로, 로
야마 마사미치, 다나카 미치타로(田中美知太郎), 쓰다 소키치, 스
즈키 다이세쓰, 다른 한편에는 시미즈 이쿠타로, 마루야마 마사
오, 나카노 요시오, 쓰루 시게토, 구와바라 다케오와 같이 20세

기연구소와 관계된 사람들이 있었다. 그리고 쓰다 논문의 처리를 둘러싸고 요시노와 충돌한 하니 고로도 있었다. 하니는 토론회 자리에서 '일본인 과학자의 자기비판'을 강하게 주장했다.

'전쟁과 평화에 관한 일본 과학자 성명'은 시미즈가 기초했다. 하니의 주장도 넣은 전문을 붙이고 본문은 10항목으로, 유네스코 성명에 비해 미소 양대 세력의 평화공존에 대한 강한 지향이 특징이다. 다음은 여섯째 항목이다.

> 우리는 현재 두 개의 세계가 공존한다는 사실을 솔직히 인정한다. … 우리는 두 개의 세계가 평화공존하기 위한 조건을 연구하기 위한 현대 과학의 방법 및 성과가 아직 충분히 적용되지 않고 있는 것을 인정하고, 현대 과학자의 노력이 이 문제 구명에 경주될 것을 바라마지 않는다.

시미즈가 『내 인생의 단편』에서 성명 기초에 이르는 경과를 밝히고 있다. 전날인 11일 오후 암파서점을 방문하여 다음 날 회의에 대해 상의했다. 그때 요시노로부터 "시미즈 씨는 많은 부회에 출석하고 계셔서 각각의 분위기도 잘 알고 계실 터이니 각 부회 보고에 공통 논점을 추출하여 그것을 개조식 형태로 정리해 주시지 않겠습니까" 하고 부탁받았다.

거의 철야로 문장을 정리해서 다음 날 회의장에 가자 요시노에게서 "어제 부탁드린 문장은 그대로 성명으로 해서 내외에 발표하게 될 것 같습니다"는 말을 들었다. 요시노에게는 당초부터

시나리오가 있었을 것이다. 그렇지만 시미즈에게는 아닌 밤중에 홍두깨 같은 이야기였던 것이다.

시미즈가 『내 인생의 단편』에서 당시를 회상하는 어투는 냉랭하다. 후년의 문장이라고는 해도 거기에는 시대 흐름에 농락당해 버린 자신의 과거에 대한 연민조차 묻어나는 것처럼 생각된다. 이는 '인간 시미즈'를 이해하는 데 있어서도 흥미롭다.

1948년 9월 시미즈는 아타미(熱海)의 이와나미 별장(偕樂莊)에서 암파신서로 간행할 『저널리즘(ジャーナリズム)』의 원고를 쓰고 있던 중 28일 도쿄에서 온 요시노에게 유네스코 성명을 받아 읽는다.

이 타이프라이터 용지 3장 정도의 문서가 그로부터 십수 년간에 걸친 내 생활의 많은 부분을 결정하게 되었다.

시미즈도 요시노와 마찬가지로 헝가리의 설라이가 참가한 점이 중요하다고 생각했다. "나는 유네스코 문서의 가치는 설라이라는 한 인물에 귀착되는 것처럼 보였다. 파리에서 가능한 일은 도쿄에서도 가능하지 않을까"라고 지적하고 있다.

시미즈는 확실히 구노 오사무와 함께 도쿄와 간사이 각 부회의 조정 등에 분주했다. 그렇다고는 해도 이미 지적한 바와 같이, '성명 기초'라는 중요한 역할이 주어지리라고는 생각지도 못했다. 그러나 한편으로 논의를 정리하여 한 편의 글로 작성하는 능력에는 자신이 있었다. 자기 이외에 누가 이 일을 할 수 있을까 하는 자부심도 있었을 것이다.

　모순된 생각을 품고 토의회의 종반에 자신이 쓴 문장을 둘러싸고 계속되는 다양한 논의들을 듣고 있었을 것이다. 시미즈는 다음과 같이 회상을 맺고 있다.

　　전문 및 10항목으로 이루어진 문서 '전쟁과 평화에 관한 일본 과학자 성명'은 내 자신이 쓰고 또 스스로 옹호함으로써 언젠가 나라는 인간의 한 부분이 되었다. 나는 그것을 자신이 쓰지 않았던 인간, 스스로 옹호하지 않았던 인간과는 언젠가 조금 다른 인간이 되었다.

　지식인집단으로 생겨난 평화문제담화회에 있어서 시미즈가 선 위치가 미묘하게 다른 사람들과 달랐음을 알 수 있다. 머지 않아 시미즈는 '60년 안보'에 이르는 사이에 실천운동에 깊이 관여하는 '평화운동의 투사'가 되어 간다.

전면강화를 주장

　평화문제담화회는 1950년 3월호의 『세계』에 "강화문제에 대한 평화문제담화회 성명(講和問題についての平和問題談話會聲明)"을 발표한다. 이번에도 시미즈 이쿠타로가 기초했다. 이전의 경우 유네스코 성명을 받았지만 이번에는 평화를 향한 일본의 주체적인 선택과 관련되었다. 이하 '결어'의 부분이다.

1. 강화문제에 대한 우리 일본인의 희망을 말한다면 전면강화밖에 없다.

2. 단독강화로는 일본의 경제적 자립을 달성할 수 없다.

3. 강화 후의 보장에 대해서는 중립불가침을 희망하며, 동시에 유엔 가입을 바란다.

4. 타국에 군사기지를 제공하는 것은 이유 여하를 막론하고 절대로 반대한다.

일본은 제2차 세계대전에서 미국을 비롯한 많은 국가들과 교전관계에 있었다. 이들 국가들과 어떠한 형태로 강화조약을 맺고 전쟁상태를 종결시킬까. 이것이 '강화문제'이다. 그것은 또한 실질적으로 미국 점령 하에 있는 일본이 다시 독립국으로서 국제사회에 복귀하기 위한 불가결한 과정이었다.

모든 교전국과 강화조약을 맺는 것이 전면강화이다. 다른 한편, 강화조약을 맺을 수 있는 국가들과만 조약을 맺는다는 선택이 단독강화(편면강화, 다수강화)이다.

미소 양대 진영의 냉전은 더욱 심각해져 갔다. 유럽에서는 독일이 동과 서로 분단되었다. 중국 내전은 공산당 승리로 끝나 중화인민공화국이 1949년 10월 1일 소련 후원으로 탄생했다. 장제스(蔣介石)의 국민당은 대만으로 달아났다.

이러한 가운데 단독강화의 길을 선택하는 것은 바꿔 말하면 미국을 맹주로 하는 서방 진영에 가담하는 것을 의미했다. 성명은 '희망을 말한다면'이라고 하면서도 '전면강화밖에 없다'고

언명한다. 본문에는 보다 선명하게 다음과 같이 쓰고 있다.

단독강화 혹은 사실상의 단독강화 상태에 부수하여 발생하게 될 특정 국가와의 군사협정, 특정 국가를 위한 군사기지 공여와 같은 것은 그 명목이 무엇이건 일본 헌법의 전문 및 제9조에 반하며, 일본과 세계의 파멸에 힘을 빌려 주는 것으로서 우리는 도저히 이것을 승인할 수 없다.

미소의 평화공존을 전제로 한 전면강화 · 중립불가침 · 군사기지 절대반대 주장이다. 지식인집단으로 탄생한 평화문제담화회는 여기에 이르러 현실정치에 깊이 관여하게 된다.

'전쟁을 막기 위해서는 어떻게 하면 좋을까' 하는 연구 주제를 논할 때는 서로 입장이 다른 사람과도 연대할 수 있었다. 그러나 현실정치의 선택 문제는 회원 내의 분기를 선명히 했다. 이번 성명의 서명자 명부에는 첫 번째 성명에 있었던 다나카 미치타로, 스즈키 다이세쓰, 다나카 고타로, 쓰다 소키치의 이름이 빠졌다.

더구나 요시노는 '편집자 서언'에 "성명은 평화문제담화회의 이름으로 우선 발표되어 회원 간의 다수 의견을 표명하고 있으나, 그것은 반드시 회원 전체가 성명의 전부에 대해 책임을 진다는 것은 아니다"라고 기록할 수밖에 없었다. 서명에 이름을 올린 아베 요시시게, 아마노 데이유, 와쓰지 데쓰로, 다카기 야사카 등이 '소수파'였다.

한국전쟁과 『세계』

평화문제담화회의 두 번째 성명은 크게 주목받았다. 담화회도 단지 잡지에 게재하는 것만이 아니라 내외에 적극적으로 알리는 길을 택했다. 성명은 쓰루 시게토가 영역하여 UP, AP 등 외국통신사, 주요국 대사관에 보내고 국내에서는 기자회견도 열어 내용을 설명했다.

최초의 성명에 대해서는 정관하고 있었던 GHQ도 이번에는 곧바로 반응했다. 경시청 등도 움직였다. 요시노의 회상을 들어보자("전후 30년과 『세계』 30년," 요시노 겐자부로, 『'전후'에의 결별』 수록).

첫 번째로 반격해 온 것은 점령군 사령부였습니다. 사령부에서 곧바로 사람이 찾아왔습니다. 그러고 나서 경시청, 법무부 특심국(特審局)이 차례로 찾아와 모임 성격과 성명 성립에 대해 혹독한 질문을 반복했습니다. 그리고 법무국 및 경시청으로부터는 당시의 단체 등 규제령에 해당하는 정치단체로 간주하므로 속히 신고하라는 요구가 있었습니다.

요시노가 경찰에 연행됐다는 유언비어도 돌아 밤에 신문기자가 그의 자택을 찾아온 적도 있다고 한다. 결국 1개월 반 정도 후에 '단체 등 규제령에 해당하는 것으로 인정되지 않는다는 취지의 통지가 있어' 요시노는 안도한다. 해당될 경우 '재정 기타 여러 가지 세세한 신고가 필요하게 되고 신고에 허위(相違)가 있으면 경우에 따라서는 책임자는 점령정책위반죄로 문초되기' 때문이었다.

평화문제담화회는 현실정치라는 장에 나서게 되었다. 말하자면 『세계』는 그 모항이었다. 이렇게 해서 올드 리버럴리스트도 포함해서 '문화국가 일본'의 재건을 말하고 있었던 '수재 남학생 같은 잡지'는 주장하는 잡지로 변모해 갔다.

그렇지만 출범한 평화문제담화회는 곧 국제정치의 가혹한 현실에 사로잡힌다. 1950년 6월 25일 한국전쟁이 시작되었고 이는 미소의 대리전쟁이나 마찬가지였다. 동서 양 진영의 평화공존의 필요성과 가능성을 주장하던 평화문제담화회는 동아시아에서 냉전이 열전이 되는 사태에 직면했다.

월간지의 통상적인 편집 작업에서 볼 때, 7월호에 이 사태를 반영시킬 수 없었던 것은 당연할 것이다. 그러나 『세계』의 8월호, 9월호에도 한국전쟁과 관련한 논고는 없다. 10월호의 '세계의 조류(世界の潮)'란에 겨우 "북한에 대한 전략폭격"(北鮮に對する戰略爆擊, 당시에는 '북선'이라는 호칭이 일반적이었다)과 "한국동란과 미국의 태도(朝鮮動亂とアメリカの態度)"라는 두 가지의 해설기사가 등장한다.

전자는 "압록강 수력발전계통과 흥남화학공업지대의 전모(鴨綠江の水力發電系統と興南化學工業地帶の全貌)"라는 부제에서 알수 있는 바와 같이, 한국전쟁 사태를 직접 다루고 있는 것은 아니다. 코앞의 한반도에서 치열한 전투가 일어나고 있는데도 다

소 기이하게 느껴지는 관심의 방향이다. 후자는 직접 한국전쟁을 주제로 하고 있지만, 일본 문제는 전혀 언급하지 않고 있다.

시미즈 이쿠타로는 한국전쟁 발발이 평화문제담화회에 준 충격을 다음과 같이 말하고 있다(『내 인생의 단편』).

이 사건(한국전쟁 발발)으로 평화문제담화회가 입각한 전제는 한 번에 무너져 강화문제에 관한 성명은 모두 공허한 것이 되었다. 한편 평화문제담화회가 전제로 하고 있었던 공존 가능성이 하필이면 우리들이 두려워하면서 미화하고 있었던 사회주의 세력 측으로부터 파괴되었다.

'재삼 평화에 대해'

그렇기는 해도 〈주장하는 잡지〉는 그 자세를 바꾸거나 하지는 않았다. 『세계』 12월호에 "재삼 평화에 대해―평화문제담화회 연구보고(三たび平和について―平和問題談話會研究報告)"가 게재되는데, 평화문제담화회가 새로운 상황 속에 논의를 거듭하여 정리한 것이다. 전문은 시미즈, 제1, 2장은 마루야마, 제3장은 우카이 노부시게(鵜飼信成)가 썼다.

지금까지의 두 차례가 '성명'이었던 데 대해 이번에는 '연구보고'로 되어 있다. 평화문제담화회의 총의를 '성명'이라는 형태로 내세우는 것이 곤란해진 데다 두 번째 '성명'에 대한 GHQ와 기타 반응의 경험에서 '정치'색이 희박한 '연구보고'로 한 것일 것이다. 내용도 한국전쟁에 관해 구체적으로 언급하는 것은 없고, 종래의 원칙적인 입장을 더욱 강조하여 평화공존의 의의를 강조한 것이다.

특히 마루야마가 집필한 제1장과 제2장에 그러한 색채가 강하다. 제1장에서는 핵무기 출현으로 '전쟁이 본래 수단이면서도 수단으로 멈출 수 없게 된 현실'이 지적된다. 그 결과 '전쟁을 최대 악으로 평화를 최대 가치로 하는 이상주의적인 입장은 전쟁이 원자력전쟁의 단계에 도달함으로써 동시에 고도의 현실주의적인 의미를 띠기에 이르렀다'고 말한다.

이어서 '사고방법'의 중요성이 설명된다. '두 개의 세계'의 대립에 대해 향후 양자는 도저히 양립할 수 없고 조만간 무력충돌은 불가피하다는 입장에서 생각하지 말고, 양자의 관계가 평화적으로 조정될 가능성을 믿고 그 가능성을 넓혀 가도록 스스로의 사고와 태도를 설정해 가는 것의 중요성이 지적된다.

마루야마는 1952년 5월호의 『세계』에 " '현실'주의의 함정—어느 편집자에게 보내는 편지('現實'主義の陷穽—或る編集者への手紙)"를 발표한다. 이 논문에서 마루야마는 '현실'을 부여된 것으로 생각하지 말고 가소(可塑)적인 것으로 파악하는 사고태도를 강조하고 있다. "재삼 평화에 대해"에서 전개된 사고방법에 대한 논의는 이것을 선취한 것이었다.

그러나 원리적으로 선명한 논리라고는 해도 역시 현재 계속되고 있는 전쟁을 눈앞에 두고 그에 대해서는 거의 언급하지 않고 있는 것은 불가사의하다. '진행되고 있는 전쟁 그 자체에 대

해서는 명확한 태도를 취할 수 없었을 뿐만 아니라 그 충격에서 일본을 분리하는 데에 최대의 관심이 쏠려 있는 것처럼 여겨진다'는 평가[미치바 지카노부(道場親信), 『점령과 평화―〈전후〉라는 경험(占領と平和―〈戰後〉という經驗)』]는 아마도 타당할 것이다.

평화문제담화회가 주장한 동서 양 진영의 평화공존은 사실로서는 실현돼 간다. 대리전쟁(한국전쟁) 경험으로 미소 양국은 평화공존 방향을 모색한다(그것은 핵군비 확장과 핵억제 이론에 기초한 평화공존으로서 군비확장경쟁은 계속되었지만).

일본은 평화문제담화회가 내건 전면강화가 아니라 단독강화의 길을 선택하여 고도경제성장―경제대국으로의 길에 매진한다.

제5장
『세계』의 시대
―강화에서 '60년 안보'로

15만 부 매진된 강화문제 특집호

1951년 9월 4일부터 샌프란시스코 오페라하우스에서 대일강화회의가 시작되었다. 8일 일본을 포함한 49개국이 강화조약에 서명했다. 중국은 초대되지 않았고, 인도와 미얀마는 참가를 거부했다. 소련, 체코, 폴란드는 조인하지 않았다. 일본은 강화조약과는 별도로 미국과 미일안전보장조약을 맺어 냉전체제 아래 명확히 미국 산하로 들어가는 길을 택했다.

『세계』 10월호는 이 강화회의를 향한 '강화문제 특집'으로서 거의 모든 지면을 '특집'으로 채웠고 여느 달보다 1주일 앞당겨 9월 1일에 발매되었다.

강화문제를 특집으로 다룬 「세계」 1951년 10월호(©Iwanami Shoten, Publishers, Tokyo)

권두에 실린 쓰루 시게토의 "대일강화와 세계평화(對日講和と世界平和)" 등의 논문 이외에 78명이 견해를 보낸 "강화에 대한 의견·희망·비판(講和に對する意見·希望·批判)"이 압권이다.

"재삼 평화에 대해"의 집필 등 무리한 탓으로 이 해 2월부터 폐결핵으로 입원해 있던 마루야마 마사오는 "강화문제에 붙여—병상에서의 감상(講和問題に寄せて—病床からの感想)"을 기고했다. "일본이 장기간에 걸쳐 최대의 병력을 가지고 막대한 인적 물적 손해를 끼친 중국을 제외하고, 더욱이 그 중국을 가상적국으로 하는 강화가 과연 강화라는 이름을 붙일 만한 것인가"라고 강화회의에 중국이 참가하지 않은 문제점을 지적하고 있다.

발매일을 앞당긴 데서도 알 수 있는 바와 같이, 이 특집호는 바다 저편에서 막 시작되려는 강화회의에 대해 명확하게 이의를 제기하는 것이었다.

요시노 겐자부로는 '편집후기'에 이렇게 쓰고 있다.

… 그런데도 본 호가 이 정도의 내용을 갖추어 예정대로 발행될

수 있었던 것은 100명이 넘는 집필자가 특별한 열의를 가지고 우리들의 기획을 원조하고, … 인쇄소의 현장 사람들까지 이 기획의 성공을 바라며 거의 철야에 가까운 작업을 계속하며 분발해 준 덕이다. … 일본이 지금 중대한 시기를 맞이하고 있다는 공통의 우려가 이러한 협력을 가능하게 했다.

반응은 컸다. 다음 11월호의 '편집후기'에 의하면 "결국에는 증쇄를 네 차례 거듭해야 했다"고 한다. 당시의 『세계』는 통상 3만 부였는데 이 특집호는 5쇄, 15만 부를 매진했다〔미도리가와 도루(綠川亨), 야스에 료스케(安江良介), "평화문제담화회와 그후(平和問題談話會とその後)," 『세계』 1985년 7월 임시증간호〕.

종합잡지가 어떤 주제에 대해 특집을 짜고 그것이 증쇄를 거듭하여 매진된다. 오늘날의 논단잡지 편집자에게는 꿈같은 이야기일지도 모른다. 더구나 『세계』의 강화문제에 대한 입장은 결코 중립·공평이 아니었다. 뒤에서도 언급하겠지만 고이즈미 신조는 이 특집호를 "전면강화론자 또는 중립론자의 동인잡지 같다"고 비평했다〔"평화론—절실하게 평화를 바라는 사람으로서(平和論—切に平和を願うものとして)," 『문예춘추』 1952년 1월호〕. 이 특집호가 왜 이처럼 광범위한 독자를 얻을 수 있었을까.

솔직한 '애국심'과 상통

1952년 4월 28일부의 『도서신문』에 실린 독자여론조사를 시미즈 이쿠타로가 소개하고 있다(『내 인생의 단편』).『도서신문』이 대학생·고교생을 대상으로 조사해서 얻은 3,490통의 회답을 정리한 것이다.

"어떤 잡지를 즐겨 읽습니까"라는 질문의 회답 베스트3은 1위『세계』(671명), 2위『문예춘추』(490명), 3위『중앙공론』(234명)이다. 앞에서 소개한 1946년 일본출판협회 조사 등과 비교하면 『문예춘추』가 늘어나고 있는 것이 눈에 띄지만 역시『세계』는 정상을 지키고 있다.

시미즈는 이 결과를 인용한 뒤에 "누구라도『세계』가 제1위를 차지하고 있는 데에 놀라겠지만, 그 당시의『세계』는 일본인의 솔직한 애국심과 상통하는 것을 갖고 있었다"고 지적하고 있다.

오늘날 '애국심'은 보수파의 점유물처럼 여겨진다. 그렇지만 오구마 에이지가『〈민주〉와〈애국〉』에서 명확히 했듯이, 고도성장이 시작되기 이전(오구마의 말로 하면 '제1의 전후'), '애국'이나 '민족'과 같이 내셔널리즘과 관련된 말은 보수정권을 비판하는 사람들의 것이기도 했다.『세계』의 강화문제 특집호의 편집방침도 그런 의미에서는 단순하리만치 '애국'적이었다.

권두언 '독자에 호소함'에서 요시노는 다음과 같이 쓰고 있다.

… (이번 특집은) 매우 넓은 범위에 걸친 다양한 의견을 포함하고 있으나 대다수는 일본의 장래와 세계평화와 관련하여 강화의 진행 과정과 결과에 대해 깊은 우려를 표명하고 있다. 우리는 가능한 한 많은 국민에게 이러한 우국의 목소리를 전하고자 한다. …

자기 운명과 관련한 사정을 직시하고 자기 판단과 결의로 이에 대처하는 것을 잃고, 우리는 어디에서 오늘날의 궁상에서 일어설 발판을 마련할 수 있을 것인가. 이러한 기골을 잃고, 우리 일본인의 독립이 어디에 있을 수 있을 것인가.

'우국'의 마음이 표명되고 '일본인의 독립'을 확립하기 위한 기골이 강조되고 있다.

특집호의 예상을 뛰어넘는 반향에 대해 기록한 11월호의 '편집후기'도 같은 논조이다. 일본, 독일, 이탈리아의 삼국동맹 체결 전후에 독일 측과 반(反) 독일의 영국 측 모두에서 여러 형태의 작용이 있었던 것을 언급하고 요시노는 '권력정치의 마술'에 대한 경계를 말하며 다음과 같이 맺고 있다.

다만, 일본과 자기 자신을 사랑하고 민족과 스스로의 자주성을 잃지 않겠다고 생각한다면, 우리들은 이 마술에 걸리지 않을 만큼의 영지가 필요하다.

즉, 단독강화와 미일안보조약 체결은 미국에 종속하는 것으로 '민족과 스스로의 자주성을 잃는' 것이라는 것이다. 확실히 시미즈가 지적한 바와 같이, 여기에는 '일본인의 솔직한 애국심과 상통하는 것'이 있었던 것으로 생각된다.

고이즈미 신조의 비판으로 논쟁이 되다

원래 단독강화 및 미일안보조약 체결과 일본 독립의 연관성에 대해 요시노 등과 전적으로 다른 생각을 표출한 논자도 적지 않다. 고이즈미 신조도 그 중 한 사람이다.

고이즈미는 앞에서 지적한 "평화론—절실하게 평화를 바라는 사람으로서"에서 미소대립이라는 엄중한 국제정세 하에서는 "진공상태를 만들지 않는 것이 가장 중요하다"고 논했다. 전면강화론자에 대한 논란은 엄격하고 가차 없다.

다수강화, 안전보장조약 반대 논객이 만약 평화의 독점자인 양 행동한다면, 그것은 용서치 못할 참월(僭越)이다. 또한 친소 반미의 본심을 감추고, 단지 미일 이간(離間)이라는 목적을 위해서만 평화의 미명을 가장하는 자는 평화에 대적하는 자라 하지 않을 수 없다. 만약 진실로 평화를 바라는 사람들이 평화의 이름에 속아 이를 추종한다면 그것은 총명을 결여한 자라 하지 않을 수 없다.

고이즈미의 비판에 대해 『세계』 3월호에서 쓰루 시게토가 반론하였다〔"고이즈미 박사의 "평화론"에 대해(小泉博士の『平和論』について)"〕. 쓰루는 고이즈미의 '진공상태'론은 미소대립을 움직일 수 없는 여건으로 하고 있다는 점을 지적하고 이데올로기 차원을 차치하더라도 현실의 권력정치 차원에서는 타협이 가능하다고 주장했다.

같은 호에 게재된 스기 도시오(杉捷夫)의 "지식인의 임무에 대해(知識人の任務について)" 역시 고이즈미 논문에 대한 비판이다. 스기는 프랑스문학자로 평화문제담화회의 회원은 아니었으나, 그들과 같은 입장에서 『세계』에 많은 기고를 하고 있다. "(고이즈미 씨는) 반면(半面)강화로 달성되는 독립이 도대체 어떠한 독립일지를 문제 삼지 않는다"고 스기는 말한다. 즉, 반면강화(단독강화)는 미국으로의 종속으로 이어진다는 점을 고이즈미는 모른다고 말하고 있는 것이다.

『문예춘추』 3월호에는 나카노 요시오의 "평화론의 우울—나는 소련 변호인이 아니다(平和論の憂鬱—私はソ連の弁護士ではない)"가 게재되었다. 고이즈미가 "전면강화론자 가운데는 샌프란시스코조약을 수용하기보다는 오히려 점령 계속을 선택한다고 언명하기에 이른 자도 있는 것 같다"고 비판한 것에 대해 답한 것이다.

이들 반론에 대해 고이즈미는 『세계』 5월호에서 쓰루와 스기에게, 『문예춘추』 5월호에서 나카노에 각각 답했다. 이 가운데 『세계』에 게재된 "나의 평화론에 대해(私の平和論について)"의 다음 일절이 이 논쟁의 근본적인 대립점을 명확히 해준다.

이렇게 논하다 보면 자연스럽게 인정할 수밖에 없는 것은 소련의 평화의도에 대해 쓰루 씨 등과 내 소견이 다르다는 점이다. 나에 비해 쓰루 씨는 현저히 친소적 혹은 신(信)소적이고, 쓰루 씨에 비해 나는 훨씬 소련 경계적이다.

앞에서 잠깐 지적한 마루야마 마사오의 "'현실'주의의 함정—어느 편집자에게 보내는 편지"(『세계』 1952년 5월호)도 직접적인 언급은 없지만 고이즈미를 비판한 것이라 할 수 있다. 거듭 말하자면, 여기서 마루야마는 '현실'을 소여(所與)로 받아들이는 것이 아니라 가소(可塑)적인 것으로 보는 사고방법의 중요성을 강조하고 있었다. 그러나 '소련 경계적'인 입장을 취할지, 혹은 소련을 평화세력으로 볼 것인지에 따라 변화하는 '현실'에 대한 대처방식은 바뀌게 된다. 그런 점에서 마루야마를 비롯한 전면 강화론 주도자들의 입장은 '친소'는 어찌되었든 '신(信)소'적이었음은 부정할 수 없다.

『세계』의 독자층

샌프란시스코강화조약과 미일안보조약이 체결되어 현실정치 차원에서 보면 평화문제담화회의 주장은 일단 패배했다. 그렇지만 평화문제담화회가 설정한 '문제' 자체가 사라져 버린 것은 아니다.

점령이 끝나 일본인은 마침내 스스로의 일을 결정할 수 있게 되었다. 점령 하에 미국 주도로 만들어진 헌법을 어떻게 할 것인가. 그 근간인 "육해공군 기타의 전력은 보유하지 않는다"고 정한 제9조는 어떻게 할 것인가. 재군비, 헌법 개정 시비가 새로운 쟁점이 되었다.

강화조약 체결 후 평화문제담화회는 사실상 해산되었다. 그러나 담화회가 3회에 걸친 '성명', '연구보고'에서 제시한 방향은 논단상으로도 현실정치 차원에서도 호헌 · 개헌반대의 원리적 입장으로 여전히 살아 있었다. 구체적으로는 '재군비반대 · 비무장 중립' 주장이다. 현실정치의 장에서는 사회당이 이 방침을 내세워 보수당과 대치하였고, 논단에서는 『세계』가 이러한 입장에서 종종 특집을 편성하고 많은 사람들이 논진을 폈다.

이 시기에 『세계』는 변함없이 확실한 독자의 뒷받침 속에 간행되고 있었다. 이를 보여 주는 흥미로운 데이터가 있다. 『세계』 1952년 4월호 '편집후기'에 요시노 겐자부로가 1월호에 첨부된 독자카드에 대해 기록하고 있다. 1회째의 제본분에 엽서를 첨부했을 뿐이므로 매수는 알 수 없지만 회수된 엽서 수가 1만 매에 달했는데, 이 결과에 요시노도 놀랐다.

우편요금이 독자 부담임에도 불구하고 이러한 결과를 낳았다는 것은 아마도 이런 종류의 시도가 전례 없는 일로 우리들 잡지에 대한 독자의 지원이 강하고 깊음이 느껴져 우리는 대단히 마음 든든했다. 이것은 우리들의 자랑이며 감사하기 그지없는 일이다.

요시노는 카드를 직업별로 정리한 결과도 기록하고 있다. 24%가 '회사원(근로자를 포함)', 20%가 '교원', 19.7%가 '관공리'로 총계 63.9%가 '봉급생활자'이다. 23.2%가 '학생'이다. '상업'과 '농업'은 합해서 12.2%였다고 한다. '교원'과 '학생'을 합하면 43.2%로 절반에 가깝다. 물론 독자 가운데 독자 카드를 기입하여 편집부에 보내온 수이기는 하지만, 『세계』의 유력한 독자층이 이들이었다는 것을 상상할 수 있다.

아마도 『중앙공론』도 비슷한 경향이 있었을 것이다. 지금은 대학교수의 한 사람으로서 『세계』를 읽는 학생이 과연 있을까 생각하게 된다. 그야말로 격세지감이라 해야 할까. 여하튼 당시 '큰 문제'에 직면하고 있던 일본에서 논단지는 '교원', '학생' 층에 다수의 독자를 가지고 있었다. 더욱이 독자카드를 자기부담으로 보내는 사람들이 이만큼이나 있었다는 데서 알 수 있는 바와 같이, 그들은 뜨거운 기대를 갖고 『세계』를 구입하고 있었다.

야마카와 히토시의 활약

이 시기에 『세계』를 무대로 가장 활발하게 활약한 논객으로 야마카와 히토시가 있다.

야마카와는 노농(勞農)파[11] 마르크스주의자로 전전부터 사회주의운동의 제1선에 있었다. 초기 공산당에서의 야마카와이즘[12]

---

11) 1927년 창간된 잡지 『노농(勞農)』을 중심으로 모인 사회주의 진영의 학자, 사회운동가, 문학자의 총칭으로 강좌파와 일본자본주의 논쟁을 전개했다. 노농파에서는 메이지유신을 부르주아혁명으로 규정하고, 일본자본주의의 반봉건적, 절대주의적 성격을 부정하면서 사회주의혁명을 당면한 과제로 삼았다.

12) 야마카와의 '방향전환론(方向轉換論)'에 결심되어 있는 대중운동과의 결합을 중시하는 노선을 가리킨다.

과 후쿠모토(福本)이즘[13]의 대립은 잘 알려져 있는 바이다.

1880년생으로 이 시기 이미 70세를 넘었다. 요시노 겐자부로는 야마카와가 전후 직후에 제창한 '민주인민전선' 이래, 야마카와의 생각에 친근감을 가지고 있었던 것 같다(이 점에 대해서는 이미 지적하였

야마카와 히토시(1880~1958)

다). '민주인민전선' 구상은 결국 실현되지 않았지만 야마카와는 사회당 좌파의 이론적 지도자로서 적극적으로 비무장중립론을 전개했다.

야마카와가 『세계』에 처음 등장한 것은 1951년 10월호의 강화문제 특집호의 "비무장헌법 옹호─일본은 다시 군비를 가져야 하는가(非武装憲法の擁護─日本は再び軍備を持つべきか)"이다. 이 논문은 야마카와가 등사판으로 인쇄한 팸플릿을 배포하고 있었던 것을 요시노가 읽고 『세계』에 게재하게 된 것이라고 한다("전후 30년과 『세계』 30년," 요시노 겐자부로, 『'전후'에의 결별』).

야마카와를 포함한 전면강화론자들은 일본이 비무장을 내세운 헌법을 보호·유지하면서 유엔에 가입하여 국제적으로 공헌

---

13) 일본공산당 지도자 후쿠모토 가즈오(福本和夫, 1894~1983)가 내세운 좌익 운동의 '분리→결합'을 주장하는 이론으로, 노동자계급이 정치투쟁으로 나아가기 위해서는 먼저 이론투쟁을 통해 이질적인 분자는 분리시키고, 순수·정통 분자만을 결합시켜야 한다는 내용이다.

을 해야 한다는 주장을 하고 있었다. 그러나 유엔은 집단적 자위권 등 무력의 발동을 인정했기 때문에 전면강화론자의 견해는 비현실적이라는 비판도 강했다. 야마카와는 이러한 비판에 대해 『세계』 데뷔 논문에서 "(현행 헌법은) 연합국 점령 하에 제정된 헌법이지, 연합국 의사에 반해서 제정된 것이 아니다"고 반론하고 있다.

이후 야마카와는 실로 정력적으로 『세계』에 논문을 기고했는데, 여기에는 요시노의 요청도 작용했을 것이다. 1952년 1월호의 '강화 후 일본에 민주주의를 확립하기 위해(講和後の日本に民主主義を確立するために)'라는 제2특집에서는 권두에 "다음 민주혁명을 위해(次の民主革命のために)"라는 제목의 논문을 기고했다. 5월호의 '평화헌법과 재무장문제(平和憲法と再武裝問題)' 특집에서는 권두논문을 썼고, 7월호 권두도 "비무장중립은 불가능한가(非武裝中立は不可能か)"로 장식했다. 나아가 12월호도 권두논문 "대결의 시간은 시작되었다: 재군비반대 통일전선으로(對決の時は開始された: 再軍備反對の統一戰線へ)"를 집필했다. 1년에 4차례 등장하여 그 중 3차례는 권두논문을 집필하고 있다.

이후 야마카와는 좌담회 등도 포함해서 1953년과 1954년에는 각 2회, 1955년부터 1957년까지는 각 3회 『세계』에 등장했으며, 1958년 3월 사망했다. 6월호 『세계』에는 "야마카와 히토시 씨를 추모한다(山川均氏をしのぶ)"고 하여 오우치 효에, 아라하타 간손(荒畑寒村), 스즈키 모사부로(鈴木茂三郎), 사키사카 이쓰로(向坂逸郎), 도야마 시게키(遠山茂樹) 등 5명이 추도문을 실었고, 아내

야마카와 기쿠에(山川菊榮)의 "돌아올 수 없는 남편에게(かえらぬ 夫へ)"라는 글도 게재되었다. 야마카와 기쿠에는 전전부터 부인 운동가로 알려졌으며, 전후에는 초대 노동성 부인국장도 역임 했다.『세계』에도 많은 기고를 했다.

이러한 야마카와의 '중용'에 대해 "공산당 사람들에게서 어떤 생각으로 게재한 것인지 듣고 싶다는 말을 들은 적도 있었습니다"라고 요시노는 회상하고 있다("전후 30년과『세계』 30년," 요시노 겐자부로, 앞의 책). 요시노는 "야마카와 씨 논문은 당파적 입장을 넘어 국제적 시야를 가졌던 동시에 국내 정치에 관한 치밀한 배려 하에 작성되어 뛰어난 견식을 보여 주고 있었습니다"고 말하고 있다. 아마 당시 '공산당 사람들'에게도 이렇게 답했을 것이다.

『세계』라는 잡지와 공산당의 거리, 나아가 요시노 등『세계』를 만들고 있던 측의 입장이 엿보이는 에피소드이다.

시미즈 이쿠타로와 '우치나다'

전술한 바와 같이『세계』에는 뜨거운 기대를 가진 다수의 독자가 있었다. 지금 돌이켜 보면, 이 시기『세계』의 개별 논문이나 특집에서 임팩트가 있는 것은 별로 없었다. 〈주장하는『세계』〉는 건재했지만, 목차를 보더라도 어떤 침체 내지 매너리즘이 감돌고 있는 것처럼 보인다.

재군비를 둘러싼 논의는 현실 전개 쪽이 빨랐다. 한국전쟁 발발과 함께 경찰예비대가 생기고 보안대를 거쳐 1954년 6월 자위 대가 탄생했다. '전력 없는 군대'는 급속히 기성사실화되어 갔다.

한편 보다 큰 호헌·개헌의 쟁점도 1955년 좌우사회당이 통 일하고, 보수진영도 자유민주당으로 통합하여 이른바 55년 체 제가 이루어진 때부터 긴장감을 결여하게 되었다. 호헌세력이 중의원 의석 1/3 이상을 차지하면서 개헌은 당면 정치스케줄에 서 사라졌다.

논단은 오히려 이와 같은 시간의 흐름에 달라붙어 있을 뿐인 것처럼 보인다. 그런 가운데 시미즈 이쿠타로의 "우치나다"(內 灘, 『세계』 1953년 9월호)에 대해 살펴보고자 한다. 강화조약과 미일안보조약이 세트가 되어 체결된 후, 일본에서 무엇이 쟁점 이었는지를 보여 주는 보고서이다.

우치나다촌(현재 우치나다초)은 가나자와(金澤)시 서북 약 12킬 로미터, 모래언덕이 드넓은 어촌이었다. 1952년 9월 이 우치나다 모래언덕을 미군의 포탄발사연습장으로 삼으려는 논의가 표출 되었다. 정부가 이시카와(石川)현에 의향을 타진했으나, 해당 지 역에서는 반대운동이 일어났다. 11월 20일에는 무시로깃발[14]을 세운 촌민 약 1,000명이 현청에 반대를 진정하였다.

시미즈는 암파서점이 주최하는 문화강연회를 위해 11월 29일 아침 가나자와역에 내렸다. 요시노 겐자부로, 나카노 요시오 등 이 함께했다. 기다리고 있던 지방 신문기자에게 역전 다방으로

---

14) 거적 따위로 만든 깃발로 옛날부터 농민 폭동이나 데모에 사용되었다.

안내되어 들어간 뒤 "우치나다에 대해 어떻게 생각하십니까?"
라는 질문을 받았다. "우치나다?"라고 시미즈는 생각했다. 다음
은 『내 인생의 단편』의 일부이다.

　우치나다라는 것은 뭔가 지명인 것 같다고 생각하고 있을 때,
"부디 평화운동가로서의 의견을 …"이라고 말한다. 어쩌면 우치나
다라는 토지에 미군의 군사기지가 있어서 거기서 문제가 일어난
것이 아닐까. 창피를 당하면 당해도 좋다는 기분으로 "현재는 어떤
단계입니까?" 하고 물어보았다.

　이렇게 해서 우치나다와 만난 시미즈였지만, 『세계』에 기고
한 "우치나다"에서는 "나는 마음속으로 가만히 이것이다, 라고
외쳤다"고 쓰고 있다. 민중생활에 뿌리를 둔 기지반대투쟁이야
말로 강화조약과 미일안보조약, 나아가 미일행정협정의 폐기로
이어지지 않을까 하고 생각했다고 한다. 미일행정협정은 미군
주둔의 구체적 조건을 정한 것으로 미일안보조약에 따라 이 해
2월 국회의 승인을 얻는 일 없이 조인되었다.

　『세계』 기고에서는 '우치나다'를 몰랐다는 것을 쓰지는 않았
다. 『내 인생의 단편』은 훗날의 기술이라고는 해도 정직하다면
정직한 것이다.

　평화문제담화회 주요 멤버의 한 사람으로서 성명을 기초하는
데 관여해 온 시미즈였으나, 그후의 한국전쟁 발발, 단독강화,
미일안보조약 조인이라는 사태의 변화 속에 새로운 활약의 장

을 찾고 있었다는 것이 될 것이다.

"우치나다"에서 시미즈는 이렇게 쓰고 있다.

… 우치나다는 나를 기지 문제에 눈뜨게 해주었다. 나에게 우치나다는 곧 기지이고, 기지는 곧 우치나다이다. 이렇게 해서 지난 가을 여행을 통해 나는 기지 문제를 알게 되었고, 그럼으로써 내 인생에 하나의 흔적을 새기는 결과가 되었다. 나는 기지 문제 속에서 자신의 의무를 발견했다.

시미즈는 지식인의 자기주장 합리화가 아니라 실제로 반미군기지라는 형태로 '미국'과 싸우고 있는 대중과 직접 연대한다는 생각에 빠져들어 갔다. 평화문제담화회에 모인 대학교수들이 교단에서 평온한 날들을 보내는 가운데 시미즈는 평화운동의 투사로 변모해 갔다.

소박한 내셔널리즘의 심정

이 시기에 우치나다 이외에도 각지에서 지역주민에 의한 기지를 비롯하여 미군 시설 설치와 확장을 둘러싼 반대투쟁이 일어나고 있었다. 도쿄에서 가깝기도 해서 다수의 지원자가 모여 큰 주목을 받은 것이 미군 다치카와(立川)기지 확장을 둘러싼 도쿄 스나가와(砂川)초(현재 다치카와시 스나가와초)의 투쟁이었다.

1956년 9월 13일에는 강제측량을 저지하려는 지역주민, 노조

원, 학생들과 경찰이 충돌하여 70명 이상의 중경상자가 나왔다.

『세계』12월호는 '스나가와―나는 보았다(砂川―私は見た)'라는 소특집을 꾸몄다. 이 중 나카노 요시오의 "그 뿌리는 깊다(その根は深い)"가 인상적인 장면을 전하고 있다.

스크럼을 짠 학생들이 '민족독립행동대'를 노래한다. "민족의 자유를 지켜라 궐기하라 조국의 노동자 영광 있는 혁명의 전통을 지켜라 …"라는 노래이다. 때때로 노랫소리는 '고추잠자리'나 '고향'으로 바뀌었다.

> … 예비경찰관의 젊은, 때로는 아직 홍안의 면모조차 남아 있는 대원 중에 10명 정도는 지그시 고개 숙이고 있거나 얼빠진 것처럼 생각하고 있는 듯한 사람이 꼭 있다. … 과연 그때 젊은이들의 가슴을 오고간 생각은 무엇이었을까?

학생들이 노래하는 '민족독립행동대 노래'는 스나가와투쟁의 주제곡으로서 '민족'이나 '조국'이 직설적으로 노래되고 있었다. 한편 '고추잠자리'나 '고향'의 서정은 결국은 '민족'이나 '조국'과 같은 딱딱한 말의 내실이다.

미국이 힘으로 우리 국토를 유린하고 있다―각지의 반기지 투쟁의 배후에는 사람들의 이러한 소박한 내셔널리즘 심정이 있었음에 틀림없다.

앞서 "당시의 『세계』는 일본인의 솔직한 애국심과 상통하는 것을 갖고 있었다"는 시미즈 이쿠타로의 말을 소개했다. 그와 연결시키면 반기지투쟁의 배후에 있었던 소박한 내셔널리즘의 심정은 '소박한 애국심'의 구체적인 발현이었던 것이다.

그렇게 보면 시미즈의 '우치나다'에도 사람들의 내셔널리즘 심정을 자극하는 센세이셔널한 비유가 있었다. 그는 '우치나다 는 청결한 처녀이다'라고 하였고, 이미 한국전쟁 귀휴병(歸休兵) 으로 질퍽해진 미군기지 마을을 '미군에 기생하는 닳고 닳은 여 자'라고 불렀다. 우치나다를 '닳고 닳은 여자'가 되게 해서는 안 된다고 호소했던 것이다.

스탈린 비판의 충격

1950년대 후반 일본의 논단에 커다란 영향을 미친 사건으로 스탈린 비판과 헝가리 사건이 있다.

1956년 2월 25일 모스크바에서 열린 소련공산당 제20회 대회 마지막 날, 각국 공산당대표에게 퇴석을 요청하고 흐루시초프 (Nikita Sergeevich Khrushchyov) 제1서기가 연단에 섰다. 후에 '흐루시초프 비밀연설'이라 불리는 이 연설은 6월, 미국 국무성 을 통해 밝혀졌다. 흐루시초프가 개인숭배, 독재, 대량숙청의 사 실을 폭로하고 스탈린(Iosif Vissarionovich Stalin)을 격렬하게 비 판함으로써 레닌(Nikolai Lenin)을 이은 사회주의혁명의 찬란한 지도자는 사후 불과 3년 만에 우상의 위치에서 전락했다.

앞에서 쓰루 시게토의 평화론을 비판한 고이즈미 신조의 문 장을 소개했다. 고이즈미는 쓰루를 '현저히 친소적 혹은 신(信)

소적'이라고 단언했다. '친소' 내지 '신소'는 요컨대 소련의 사회주의체제를 긍정적으로 평가하는 입장으로서, 이들은 한때 일본 논단의 주류였다고 할 수 있다. 마르크스주의자가 아니라 하더라도 고이즈미와 같은 '소련 경계적'인 논자는 소수파였기 때문에 스탈린 비판은 일본 논단에 충격적이었다.

'비밀보고'에 앞서 대회 3일째 행해진 연설에서 미코얀(Anastas Ivanovich Mikoyan) 제1부수상이 이미 스탈린에 대한 개인숭배 문제를 지적하고 있었다. 4월호의 『세계』, 『중앙공론』은 함께 대회 첫날의 흐루시초프 일반 보고와 이 미코얀 연설의 초록 내지 전문을 게재했고, 미국 국무성 루트로 '비밀연설'이 공표되자 『중앙공론』 8월호는 전문을 일거 게재했다.

이에 대해 『세계』는 8월호에 관련 논문을 싣지 않았고, 9월호에도 '사회주의로의 길은 하나가 아니다!(社會主義への道は一つではない!)'는 제목으로 특집을 꾸미는 등 약간 초점이 빗나간 대응을 했다. 흐루시초프 일반 보고와 미코얀 연설의 초록을 게재한 4월호 이후 5월호에서는 "문제는 무엇인가—흐루시초프 · 미코얀 발언을 둘러싸고(問題は何か—フルシチョフ · ミコヤンの發言をめぐって)"라는 제목의 좌담회를 열었는데, 참석자는 "스탈린이론 전체를 비판하고 전면적으로 부정한 것은 아니다", "스탈린의 공적까지 말살하거나 정세의 죄를 스탈린에게 지우는 것은 경계해야 한다"는 등의 발언을 하고 있다.

마루야마 마사오는 1956년 11월호 『세계』에 "스탈린 비판의 비판—정치인식론을 둘러싼 약간의 문제(スターリン批判の批判—

政治認識論をめぐる若干の問題"를 기고했다〔후에 "'스탈린 비판'의 정치 논리(「スターリン批判」における政治の論理)"로 제목을 바꾸어 『마루야마 마사오집』 제6권에 수록했다〕. 여기서 마루야마는 마르크스주의자의 정치인식을 분석함과 함께 모든 현상을 경제적 하부구조로 귀착시키는 '기저체제 환원주의(基底體制 還元主義)', '마침내 정체를 폭로했다'는 패턴의 '본질현현(本質顯現)'형 사고양식을 지적했다. 예리한 분석임에는 틀림없지만 마루야마에게도 스탈린체제의 문제를 소련사회주의체제 그 자체의 문제로 고찰하는 관점은 없었다.

여기서 스탈린 비판의 사상사적 의미를 깊이 탐구할 수는 없지만, 고지마 료(小島亮)가 말하는 바와 같이 그것은 "스탈린체제를 지키기 위한 스탈린 개인에 대한 비판"〔『헝가리사건과 일본—1956년 · 사상사적 고찰(ハンガリー事件と日本——九五六年 · 思想史的考察)』〕이었다. 스탈린 비판은 소련국가의 연명을 도모하려는 권력 내부의 드라마였다. 그러나 스탈린 개인숭배가 문제가 아니라 개인숭배를 낳은 소련사회주의체제 자체가 문제였던 것이다. '친소' 내지는 '신소'가 주류인 일본 논단에서는 이러한 방향의 논의가 깊어지지 않았다.

소련 개입을 정당화—헝가리사건

일본 논단의 이러한 '약점'을 찌르듯이, 얼마 되지 않아 헝가리사건이 일어났다. 소련의 강한 영향 아래 있었던 헝가리에서 민주화를 요구하는 시민, 노동자가 들고 일어났다. 소련은 2회에 걸쳐 군사 개입하여 압도적인 병력으로 헝가리 전토를 제압했다. 1956년 10월부터 11월에 걸친 사건이다. 사망자 3,000여 명(수만 명이라는 설도 있다), 서방 세계로의 망명자는 약 20만 명에 달했다.

'사회주의의 나라 소련'의 군대가 '우호국' 헝가리 민중에 총탄을 퍼부었던 것이다. '친소' 내지는 '신소'의 지식인들은 소련을 '평화세력'으로 간주하고 미소의 평화공존이 가능하다고 주장해 왔다. 이는 그러한 인식 틀의 근간을 뒤흔든 사건이었다.

그러나 『세계』 등을 무대로 활약하고 있던 기성 논단인들의 다수는 그러한 문제의식을 갖지 않은 채 어떻게 해서든 종래의 인식을 유지하려 하였다. 여기서는 그 최악의 사례를 소개한다.

『세계』 1957년 4월호에 "좌담회—역사 속에서(座談會—歷史のなかで)"가 게재되었다. 참석자는 야마카와 히토시, 오우치 효에, 우에하라 센로쿠(上原專祿) 등 3명이다. 야마카와에 대해서는 앞에서 지적하였고, 오우치 역시 여러 번 거론된 바 있다. 동심회 멤버로 『세계』 창간에 관여하고, 미키 기요시의 상가에서 밤샘 후의 귀갓길에 새로운 잡지에 대해 요시노 겐자부로에게 '차분한 것으로'라고 충고한 이야기도 소개했다. 재정학자로 당시에는 호세이(法政)대학 총장이었고, 평화문제담화회 회원이기도 했다. 우에하라는 중세유럽사 전공의 역사학자로 이 시기 히토쓰바시대학 교수였다. 그는 평화문제담화회에는 들어 있지 않았지만 『세계』에는 종종 기고하고 있었다.

소련의 군사개입은 잘못이 아니었나, 라는 화제에 대해 야마카와는 이렇게 말한다.

그러나 (소련의 개입 없이) 발포해 버리면, 헝가리 민중 가운데서 딱 부러지는 중심세력이 생겨 질서가 회복되었을지 어떨지 하는 것도 의문이 아닌가.

소련의 군사 개입은 올바른 판단이었다고 말하는 것 같다.
오우치는 훨씬 끔찍하다. 헝가리 민중이 행동을 일으킨 이유를 둘러싸고 다음과 같이 말한다.

같은 민중이라 해도 영국, 미국, 일본과 헝가리에서는 아주 다르다고 생각한다. 헝가리 민중은 이들 나라와 비교하면 정치적 훈련이 상당히 낮다.
… 민중의 요구가 언제나 올바르다고 생각하는 것은 잘못이다. 따라서 민중이 소란을 피웠다는 점에서 그 나라의 정치가 전부 잘못되어 있었다고 판단하는 것은 결코 민주주의적이지 않다.

헝가리사회주의 내부의 결함이 민중 봉기로 이어진 것이 아닌가 하는 점에 대해서도 오우치는 그야말로 경박했다.

그야 물론 있다. 그것이 없다면 불은 붙지 않는다. 그러나 내부적인 원인이 어느 정도 컸는지는 별개 문제이다. 그것이 그렇게 크지 않아도 불은 붙는다(웃음).

이 말미의 '웃음'은 틀림없이 편집부가 좌담회 원고를 만들 때 붙인 것이다.
그리고 최악인 것은 오우치의 다음의 발언이다.

헝가리는 그다지 착실히 진보해 가는 나라가 아니다. 혹은 데모 크라시가 발달해 있는 나라가 아니다. 원래는 농민국가였기 때문이다.

'60년 안보'로

스탈린 비판과 그에 이은 헝가리사건은 1989년 베를린장벽이 붕괴되고 1991년 소련이 소멸하는 역사의 흐름으로 이어지는 최초의, 그러나 확실한 전조였을 것이다. 물론 예언자가 아닌 당시의 논단인들이 그것을 예측할 수 있었을 리는 없다.

한편 스탈린 비판과 헝가리사건으로 '사회주의'의 위신이 흔들리기 시작했을 무렵, 일본 사회는 고도경제성장에 의한 커다란 구조변동 시대를 향해 달리고 있었다. 〈'종합잡지'의 시대〉가 출현하고, 〈『세계』의 시대〉를 뒷받침하고 있던 '전후'의 틀도 급격히 변화하고 있었다.

이제 와서 당시의 논단을 돌이켜 보면, 이러한 내외의 변화를 자각했던 언론은 그다지 많지 않다. 전후 생겨난 수많은 종합잡지들이 사라지고 승자로 살아남은 『세계』도 사실은 시대의 흐름에 뒤처지고 있었다고 할 수 있을지 모른다.

시대 변화를 포착한 몇 가지 논고들은 이후에 소개하기로 하고, 그 전에 〈『세계』의 시대〉가 종언을 고하는 최후의 빛줄기(光芒)라고도 할 만한 '60년 안보'에 대해 기술하고자 한다.

1960년 미일안보조약 개정을 둘러싸고 일본은 공전의 '정치의 계절'을 맞이하게 된다.

제6장
정치의 계절─'60년 안보'와 논단

잇따른 '특집'

『세계』는 1959년 4월호에서 '미일안보조약 개정문제'를 특집으로 꾸몄다. 〈주장하는 잡지〉는 그 대상을 '미일안보'로 정한 것 같았다. 이후 잇따른 특집 형태로 이 문제를 다루었는데, 이에 관련된 특집의 제목들을 뽑아 보자. 정당 기관지나 사회운동 기관지 등이 아닌 일개 상업 잡지가 이처럼 총력을 기울여 하나의 주장을 전개한 경우는 일찍이 없었고 앞으로도 없을 것이다.

일본외교 재검토(1959년 5월호)
정부의 안보개정 구상을 비판한다(공동토의, 1959년 10월호)

안보체제로부터의 탈각(1959년 11월호)

(공동토의) 거듭 안보개정에 대해(1960년 2월호)

비준국회와 국민(1960년 4월호)

침묵은 용서되는가: 조약비준과 중일관계(1960년 5월호)

주권자는 국민이다: 안보조약을 둘러싼 국민운동과 향후의 과
제(1960년 8월호)

나는 증언한다: 6월 15일 포학(暴虐)의 기록(1960년 8월호)

안보투쟁의 성과와 전망(1960년 10월호)

이러한 특집 이외에도 다수의 단발성 논고가 게재되었다. 후
쿠다 간이치(福田歡一)의 "양자택일할 때—거짓 딜레마에 저항
하여"(二者選一のとき—僞りのジレンマに抗して, 1959년 7월호), 사
카모토 요시카즈(坂本義和)의 "중립일본의 방위구상—미일안보
체제를 대신하는 것"(中立日本の防衛構想—日米安保體制に代るも
の, 1959년 8월호), 오우치 효에의 "안보개정과 헌법"(安保改定と
憲法, 1959년 9월호), 나카노 요시오의 "왜 지금 깨지는가—격화
되는 안보개정 반대투쟁 속에서"(なぜ今割れるのか—激化する安
保改定反對鬪爭のなかで, 1959년 11월호) 등 이루 헤아릴 수 없이
많았다.

이 가운데 사카모토 요시카즈의 논문은 핵 아래 '공포의 균
형' 상태에 있는 세계의 근본적 위험을 지적하고 일본의 중립화
를 주장했다. 또한 유엔 경찰군의 일본 주둔에 의한 안전보장을
제언하는 등 구체적인 안전보장책도 제시하여 주목받았다.

평화문제담화회가 자연 소멸하듯이 해산한 후, 마루야마 마사오, 시미즈 이쿠타로, 이시다 다케시(石田雄), 히다카 로쿠로(日高六郎), 가토 슈이치(加藤周一), 후쿠다 간이치, 고바야시 나오키(小林直樹) 등이 참가하는 국제문제담화회가 결성되었다. 국제문제담화회는 그 명칭에서도 알 수 있는 바와 같이, 평화문제담화회의 갱신판이라 할 수 있다. 시미즈, 마루야마가 연장자였고 소장 지식인들이 참가했다.

사카모토도 그중 한 사람이다. 1927년생의 국제정치학자로 당시 아직 30대 전반의 도쿄대학 조교수였던 그는 이 논문 이후 1960년대에 『세계』에 다수의 문장을 기고하여 신세대의 전후 진보파 논객으로 논단에서 활약한다.

1959년 10월호의 '정부의 안보개정 구상을 비판한다(공동토의)'(政府の安保改定構想を批判する)는 국제문제담화회의 공동토의를 정리한 것이다. 일체의 군사동맹으로부터 중립을 지킴으로써 미국에의 종속을 벗어나 일본의 자주성을 확립해야 한다고 주장하였는데, 이 역시 평화문제담화회가 내건 주장의 '갱신판'이라 해도 좋을 것이다.

경찰관직무집행법 투쟁의 '성공' 체험

하토야마 이치로(鳩山一郎)가 일소국교회복을 달성하고 수상의 자리에서 물러난 후, 자민당 내에서의 격렬한 항쟁을 거쳐 정권을 잡은 것은 이시바시 단잔이었다. 그러나 병환으로 취임

불과 2개월 만인 1957년 2월 수상 자리를 기시 노부스케(岸信介)에게 물려준다.

기시는 태평양전쟁 개전 시 도조 내각의 상공장관이었다. 전후에는 A급 전범으로 스가모(巢鴨)형무소에 수감되었으나, 1948년 석방되었다. 'A급 전범이었던 남자'라는 경력은 후에 안보개정반대운동이 '민주주의를 지키자'는 형태로 고양되어 갔을 때 적지 않은 영향을 끼쳤다.

1951년 강화조약과 함께 조인된 미일안보조약은 미국의 일본 방위 의무 규정이 없고, 일본이 일방적으로 기지를 제공하는 내용이었다. 조약의 연한에 관한 규정도 없었다. 기시 정권은 이에 대한 수정을 요구하여 미국과 교섭을 시작했다.

후지야마 아이이치로(藤山愛一郎) 외상에 의한 미일교섭이 진행되는 가운데 국내에서는 기시 정권의 강권적 자세에 대한 반발이 강해지고 있었다.

1958년 4월에는 교직원 근무평정이 실시되었다. 일교조(日敎組)는 학교 관리 강화와 일교조 억압을 목적으로 한 것이라며 강력 반대하고 전(全) 조직적으로 반대운동을 전개했다. 이에 대해 문부성은 대량처분으로 응하여 아동들을 아랑곳하지 않고 일교조와 첨예하게 대립했다.

같은 해 10월에는 직무질문 등 경찰관의 권한을 확대하는 경찰관직무집행법(경직법) 개정안이 국회에 제출되었다. '데이트도 방해하는 경직법'이라는 알기 쉬운 슬로건도 등장하여 경직법 개정에 대한 반대운동은 전례없이 확산되었다. 사회당·총평(總評) 등 65개 단체는 경직법개악반대국민회의를 결성하여 5차에 걸친 전국 통일행동을 벌였다.

결국 기시 내각은 개정을 단념하고 법안은 심의 미료가 되었다. 나카무라 마사노리(中村政則)는 "나는 당시 대학생이었으나 대중운동이 승리를 거둔 것은 최초의 경험으로 노동자·학생에게 '하면 된다'는 용기를 주었다. 이것이 다음 해부터 시작되는 안보투쟁으로 이어졌다"고 기술하고 있다〔『전후사(戰後史)』〕.

5월 19일의 강행 채결(採決)

1960년 1월 19일 기시 수상은 워싱턴에서 신안보조약에 조인했다. '일본국의 시정 하에 있는 영역에서의 어느 일방에 대한 무력공격'에 대한 미일 쌍방의 공동방위 의무를 표명하고, '일본국의 안전에 기여하고, 동시에 극동에서의 국제평화 및 안전 유지에 기여하기 위해' 미군 기지를 설치하는 것을 규정했다. 부속 교환공문에서는 일본의 미군 기지 '배치의 중요한 변경, 동 군대 장비의 중요한 변경' 등에 대한 사전협의의 필요성이 확인되었다. 일본 정부는 핵무기 반입은 사전협의 대상이라고 설명했다.

조약 내용이 거의 명확해짐과 동시에 1959년 3월 안보조약개정저지국민회의가 결성되었다. 경직법반대운동의 방식이다. 그렇지만 전국통일행동은 경직법 때만큼 고조되지 않았다. '데이트도 방해하는 경직법'이라는 알기 쉬운 슬로건이 있었던 경직법에 비해 외교 · 안전보장문제는 사람들의 관심에서 멀었다. 당시의 일을 시미즈 이쿠타로는 다음과 같이 회상하고 있다(『내 인생의 단편』).

1959년 여름경에는 '안보는 졌다'는 소리도 들려왔다. '안보는 중요하다'는 말이 인사처럼 된 것은 패전 후 14년을 거쳐 우리들 생활이 패전 직후의 궁핍과 혼란을 어떻게 해서든 벗어나 조심스럽지만 일종의 안정에 도달한 증거이기도 하다고 생각한다. 많은 사람들은 이 작은 안정을 깨고 싶지 않다는 기분이었다고 생각한다.

1959년 11월 27일, 전학련[15] 주류파 학생들에 의한 국회 진입 사건이 있었다. 당시 전학련 집행부는 공산당 지도에서 벗어나 결성된 공산주의자동맹(분트)이 독점하고 있었다. 분트전학련은 머지않아 '60년 안보'의 주역이 되는데, 이 단계에서는 그들의 행동에 대해 '과격분자'라는 비판이 강했다. 조약비준을 심의하는 국회의 논쟁도 '극동의 범위' 등을 둘러싸고 일견 화려했지만 실질적인 것은 아니었다.

'안보반대'의 목소리를 일거에 고조시킨 것은 1960년 5월 19일 자민당에 의한 신안보조약 승인안의 중의원 강행채결이었다. 6월 19일에는 아이젠하워(Dwight David Eisenhower) 미 대통령이 방일하게 되어 있었는데, 강행채결은 이 일정에 맞춘 것으로

---

15) 전일본학생자치회총연합.

여겨졌다. 참의원의 의결을 얻지 못해도 5월 19일 중의원에서 승인된 조약은 30일 후인 6월 19일에는 자연 승인이 된다.

반대에 아랑곳하지 않는 기시의 막무가내적인 방식은 도조 내각의 각료이자 전 A급 전범이라는 이력과 더불어 아직 많은 사람들의 기억에 선명히 남아 있는 전전(戰前)사회를 상기시켰다. 확실히 5월 19일의 강행채결로 "문제는 안보에 관한 찬반에서 '전전 일본'과 '전후 일본'이라는 '두 국가의 싸움'으로 전환되고 있었다"(오구마 에이지, 『〈민주〉와 〈애국〉』)고 할 수 있다.

'전후 일본'을 상징(表徵)하는 것은 다름 아닌 '민주주의'이다. '민주주의를 지키자'는 사람들의 소리는 동시에 '전후 일본'이라는 국가에의 귀속의식의 능동적인 표명이었다. 확실히 "안보에의 도전이라는 형태로 일본 역사에서 처음으로 데모크라시와 내셔널리즘이 손잡게 되었던 것"(좌담회 "현재의 정치상황(現在の政治狀況)," 『세계』 1960년 8월호에서의 사카모토 요시카즈의 발언)이다.

"지금이야말로 국회로"

5월 19일의 강행채결은 침체 분위기였던 반대운동을 한꺼번에 고조시켰다. 이 시기에 경직법 반대운동의 '성공' 체험도 많은 사람들에게 되살아났을 것이다. 국회 주변은 연일 수만 명의 시위대로 메워졌다. 국회 주변만이 아니다. 전국 각지에서 '기시 타도'의 목소리가 높았다.

또한 이즈음 텔레비전이 마침내 가정에 널리 보급되기 시작하여, 기시·자민당이 국회에 경관대를 도입해 사회당 의원을 힘으로 배제해 간 폭거가 텔레비전 영상을 통해 방송됨으로써 기시 정권의 강권적인 성격이 사람들에게 각인되었다.

이러한 사태를 마치 내다보고 있었다는 듯이, 『세계』 5월호에 시미즈 이쿠타로의 "지금이야말로 국회로―청원의 권유(いまこそ國會へ―請願のすすめ)"가 게재되었다. 이 논문이 게재되기까지의 경과에 대해서는 필자 자신이 당시 『세계』의 편집부원이었던 야스에 료스케(후에 『세계』 편집장, 암파서점 사장)에게 직접 들을 기회가 있었다(그 내용은 마이니치신문사 편, 『암파서점과 문예춘추』에 수록).

발단은 편집회의에서의 요시노 겐자부로의 발언이었다. 당시 요시노는 『세계』 편집장이기는 했으나, 편집담당 상무도 겸임하고 있어서 『세계』 편집회의에는 월 1회 출석하는 정도였다. 단 편집부에 배달된 독자로부터의 편지는 성심껏 읽고 있었다.

그날도 그는 독자의 편지를 토대로 이야기를 시작했다. 그 편지는 "『세계』의 지면을 읽고 안보개정이 잘못되어 있다는 점은 알았다. 도쿄에서는 시위를 하고 있다지만, 지방에 있는 우리는 어떻게 해야 하는가" 하는 내용이었다. 요시노는 "이에 어떻게 답할지를 생각하고 싶다. 예컨대 국회에 대한 헌법상의 청원권이 있지 않은가"라고 편집부원에게 문제를 던졌다.

이에 따라 시미즈에게 원고를 의뢰하러 갔다. 시미즈는 "자네, 그렇게 미적지근한 것으로 괜찮겠나" 하고 말했다고 한다.

보다 직접적인 실력행사를 주장하고 있었던 전학련 주류파에 대한 시미즈의 가세가 엿보이는 에피소드인데, 시미즈의 문장 자체는 뛰어난 선동(agitation)이었다.

지금이야말로 국회로 가자. 청원은 오늘이라도 할 수 있다. 누구라도 할 수 있는 일이다. … 그것은 모든 인간이 갖는 권리이다. … 북(北)은 홋카이도(北海道)에서 남(南)은 규슈(九州)에서 한 장의 청원서를 손에 든 일본인의 무리가 도쿄에 모여 국회의사당을 몇 겹으로 에워싸면, 그리고 그 행렬이 끊임이 없다면, 거기에 그 무엇도 저항할 수 없는 정치적 실력이 생기게 된다. 그것은 신안보조약의 비준을 저지하고 일본 의회정치를 바른길로 되돌릴 것이다.

시미즈 논문이 게재된 『세계』 5월호는 4월 7일 발매되었다. 시미즈는 『내 인생의 단편』에서 "발매일은 『근대 일본 종합연표』에 특히 기록되어 있다"고 다소 자랑스러운 투로 서술하고 있다. 5월 19일의 강행채결의 40일 정도 전인데, 강행채결이 있은 후 마치 이 논문에서 촉구된 것처럼 국회에 청원 물결이 쇄도했다.

후쿠오카(福岡)현 오무타(大牟田)시의 미쓰이미이케(三井三池) 탄광에서는 '총자본 대 총노동'이라 불린 미이케쟁의가 격렬하게 벌어지고 있었다. 개개의 노동조합도, 그 전국적 중심으로서의 총평도 에너지가 넘쳐나던 시대였다. 이러한 힘이 국회 주변의 소용돌이로 이어지고 있었던 것 역시 틀림없다.

자연 승인—그후의 시미즈와 마루야마

6월 15일, 오후 5시 반이 지나 전학련 주류파 학생들이 국회 남쪽 통용문을 실력으로 열고 국회 안으로 들어갔다. 이들을 배제하려는 경관대와 격렬한 난투가 벌어졌고, 소란 중에 도쿄대학 문학부 4학년 간바 미치코(樺美智子)가 죽었다. 도쿄 소방청 발표에서는 이날 밤 중상 43명을 포함한 589명이 부상했다. 16일, 아이젠하워 대통령의 방일취소가 발표되었다.

17일, 아사히 · 마이니치 · 요미우리 등 7개 신문사가 '폭력을 배제하고 의회주의를 지켜라'는 공동선언을 발표했다. '이 일이 연유하는 까닭은 별개로 하여'라는 문언을 포함한 선언에 대해 반대운동 측에서 강력한 비판이 일었을 뿐만 아니라, 다수의 사람들이 신문사가 공동으로 선언을 발표하는 이례적인 행위에 위화감을 느꼈다.

18일, 국회 주변은 시위대로 가득했다. 1만 5,000명의 전학련 주류파를 비롯한 4만 명 이상이 정문 앞에서 연좌하는 가운데 19일 오전 0시 신안보조약은 참의원 의결을 거치지 않은 채 자연 승인되었다. 23일, 미국과 비준서 교환을 마치고 기시 수상은 퇴진을 표명했다.

18일 밤, 마루야마 마사오와 시미즈 이쿠타로는 함께 국회 주변의 인파 속에 있었다. 그러나 두 사람의 생각은 전혀 다른 것이었다.

… 나는 국회 정문 앞에 있었다. 트랜지스터라디오가 오전 0시를 알리는 순간 나는 같이 있었던 가족과 함께 엉엉 울기 시작했다.

이것은 자연 승인 직후의 시미즈 이쿠타로 문장의 일절이다 〔"이길 수 있는 싸움에서 왜 졌는가—안보반대운동총괄의 권유(勝てる鬪いになぜ負けたのか—安保反對運動總括のすすめ)," 『주간 독서인(週刊讀書人)』 1960년 7월 25일호〕. 한편 마루야마는 냉정하게 그때를 맞이했다.

… (나는) 국회 정문의 수상관저에 가까운 편에서 띠처럼 **빽빽**이 들어서 연좌농성 중인 학생들의 가장자리에서 이리저리 밀리며 걷고 있었다. 힐끗 손목시계를 보고 '아, 지났구나' 하고 생각했을 뿐 특별히 아무런 감정도 솟지 않았다.

이는 『중앙공론』의 인터뷰에 답한 일절로 1960년 8월호에 "8·15와 5·19—일본민주주의의 역사적 의미(八·一五と五·一九－日本民主主義の歷史的意味)"로 게재되었다.

안보개정반대운동은 전례 없는 규모의 대중운동이었으나 신안보조약 성립을 저지하지는 못했다. '투쟁'의 종결은 '총괄'의 계절로 이어졌고, 함께 투쟁했던 사람들 사이의 다양한 균열이 표출되었다.

'복초(復初)의 설', '민주냐 독재냐'

6월 19일 오전 0시, '엉엉 울기 시작했다'는 시미즈 이쿠타로와 '특별히 아무런 감정도 솟지 않았다'는 마루야마 마사오 사이를 가른 것은 '민주주의'였다고 할 수 있을 것이다.

1960년 5월 19일의 강행채결 후, 마루야마는 헌법문제조사회가 주최한 '민주정치를 지키는 모임(民主政治を守る會)'에서 "복초의 설(復初の說)"이라는 제목으로 강연했다. 강연내용은 『세계』 8월호와 『미스즈(みすず)』 8월호(みすず書房)에 게재되었다(『마루야마 마사오집』 제8권). 헌법문제조사회는 평화문제담화회의 한 '후계단체'라고도 할 수 있는 것으로 호헌파 지식인 집단이었다.

마루야마는 "사물의 본질로 되돌아가고 일의 본원으로 되돌아간다"는 의미의 주자학 용어 '복성복초(復性復初)'를 사용하여 강행채결 후의 사태에 어떻게 대처해야 하는지를 물었다. 여기서 '복(復)'해야 하는 '초(初)'는 강행채결이 있었던 5월 19일이며, 그것을 '8·15'에 연계해서 생각하는 것이 중요하다고 주장했다.

우리들이 폐허 속에서 새로운 일본 건설을 결의한 그 당시의 마음을 언제나 재고하자는 것은 우리들뿐만 아니라 여기서 나는 특히 언론기관에 마음속 깊이 희망하는 바입니다.

여기서 마루야마가 '언론기관'이라고 명시하여 '복초'를 설명한 것은 어느 의미에서 예언적이었다. 6월 15일 간바 미치코의 사망을 초래한 소란 후, 전술한 바와 같이 7개 신문사는 '이 일이 연유하는 까닭은 별개로 하여', 반대운동 측에 폭력을 배제할 것을 촉구했다. '일이 연유하는 까닭'을 가장 중시하는 것이 '복초'의 입장일 것이다. 마루야마의 '복초의 설'은 이 7개 신문사의 '공동선언'을 비판한 것이었다.

여하튼 마루야마에게 문제는 '민주주의'였다. 중국문학자 다케우치 요시미도 거의 같은 입장이었다.

다케우치는 보다 직설적인 말을 사용하여 사태의 본질을 나타내려 했다. 6월 2일, 분쿄(文京)공회당에서 열린 집회에서 다케우치는 "민주냐 독재냐―당면한 상황 판단(民主が獨裁か―當面の狀況判斷)"이라는 제목의 강연을 했다〔강연 내용은 『도서신문(圖書新聞)』 1960년 6월 4일호, 『불복종의 유산(不服從の遺産)』에 수록〕.

다케우치는 강행채결로 문제는 바야흐로 신안보조약에 대한 찬반이 아니라 '민주냐 독재냐'로 좁혀졌다고 단언했다. 다케우치는 도쿄도립대학 교수직에 있었으나, 5월 21일 기시 정권 아래서는 공무원에 머물러 있을 수 없다며 사직했다〔쓰루미 슌스케도 같은 이유로 같은 날 도쿄공업대학 조교수를 사직〕.

5월 19일 이후, 기성조직과는 다른 형태로 다양한 집단이 생겨났다. 이 중 잘 알려진 것으로는 '소리 없는 소리의 모임(聲なき聲の會)'을 들 수 있다. 6월 4일, 화가 고바야시 도미(小林トミ)가 '누구든 가입할 수 있는 소리 없는 소리의 모임'이라는 현수막을 내세우고 걷자, 보행자들이 점점 불어나 최초의 2명이 마

지막에는 300명이 되었다. 잘 알려진 '소리 없는 소리의 모임'의 발상을 알리는 에피소드이다(고바야시 도미, "소리 없는 소리의 행진," 『사상의 과학』 1960년 7월호).

5월 28일, 기자회견에서 반대운동의 고조에 대해 질문을 받은 기시 수상이 "나는 '소리 없는 소리'에도 귀 기울이지 않으면 안 된다고 생각한다. 지금의 것은 '소리 있는 소리(聲ある聲)'일 뿐이다"고 대답했다. '소리 없는 소리의 모임'은 이 말을 멋지게 반전시켰다. 이러한 발상은 기성의 운동으로부터는 아마도 나오지 못했을 것이다.

마루야마와 다케우치는 강행채결에 반대하여 '안보반대'와 동시에 '기시 타도'를 외치는 광범위한 민중이 등장한 것을 사상이나 이론이 아닌 '민주주의'가 마침내 전후 일본에 출현한 것으로 평가했다. 그들에게 있어 기시 정권 퇴진으로 이어진 안보반대운동은 결코 '패배'가 아니었다.

시미즈와 요시모토의 '총괄'

시미즈 이쿠타로에게 '60년 안보'는 마루야마 마사오나 다케우치 요시미의 그것과는 전혀 다른 것이었다. 시미즈는 "나에게 안보투쟁은 전투(battle)가 아니라 전쟁(war)이었다"고 말하고 있다(『내 인생의 단편』).

우치나다나 스나가와투쟁은 battle이었지만, 안보투쟁은 "battle의 근본적 전제인 안보조약 자체가 쟁점이었기 때문에

war였다"는 것이다. '전쟁'에서 졌다고 생각한 시미즈에게 '민주주의의 승리'와 같은 평가는 있을 수 없었다. "민주주의 따위 아무래도 상관없었다. 단지 싸움에서 진 분함뿐이었다"(『내 인생의 단편』)는 것이 시미즈의 총괄이었다. 시미즈에게 과감하게 투쟁하는 전학련 주류파 학생들은 가장 믿을 만한 '전우'였을 것이다.

5월 말, 『세계』에서 원고를 의뢰받은 시미즈는 짧은 원고를 썼다. 후년 본인의 설명에 의하면, "내가 보기에 진지하게 분발하고 있는 것은 전학련 정도였다는 취지의 문장이었다"고 한다 (『내 인생의 단편』).

이 문장은 편집장 요시노 겐자부로의 결단으로 몰서(沒書)되었다. 시미즈는 "이 몰서 이래 『세계』는 나에게 가장 먼 잡지가 되었다"고 쓰고 있다. 사실 1958년부터 1960년까지의 불과 3년간에 10회나 『세계』에 등장한 시미즈의 문장은 이 이후 『세계』에서 사라졌다. 예외는 가쿠슈인대학 교수로 관련이 깊었던 아베 요시시게(가쿠슈인 원장)의 추도문(1966년 9월호)뿐이다.

전학련 주류파를 지지한 점에서 시미즈와 비슷한 형태로 '60년 안보'에 관여한 것은 요시모토 다카아키(吉本隆明)이다. 시인으로서의 본업을 넘어서 요시모토의 전후 문학상의 업적은 문학자의 전쟁책임을 예리하게 추급하는 것에서 시작되었다. 안보개정반대운동이 총괄의 계절을 맞았을 때, 요시모토는 공산당과 마루야마 등의 진보적 문화인을 동시에 격렬하게 비판했다. '의제의 종언(擬制の終焉)'이라는 제목의 논문은 그 이름도 『민

주주의의 신화―안보투쟁의 사상적 총괄」〔民主主義の神話―安保鬪爭の思想的總括, 다니카와 간(谷川雁), 하니야 유타카(埴谷雄高), 구로다 히로카즈(黑田寬一), 우메모토 가쓰미(梅本克己) 등과의 공제〕로서 최초로 1960년 10월 간행되었다(후에 『의제의 종언』에 수록).

요시모토는 공산당도 마루야마 등도 결국에는 철저하게 싸우지 않았다고 비판했다. 요시모토에게는 공산당 지도자들도 '의제전위(擬制前衛)'이며, 마루야마 등이 내세운 '민주주의'도 '의제'에 지나지 않았다. 안보투쟁은 그 '의제'의 '종언'을 말하는 것에 다름 아니었다.

시미즈와 요시모토에게 '60년 안보'는 결국 혁명의 좌절이었다. 시미즈에게 그것은 다소 심정적이었지만, 요시모토의 경우에는 공산당에서 진보적 문화인까지를 모조리 베어 버리고 신좌익 제파의 이론 검토에 미치는 장대한 '사상적 총괄'을 수반하고 있었다. 요시모토는 1961년 다니가와 간, 무라카미 이치로(村上一郎)와 함께 잡지 『시행(試行)』을 창간하여 독자적인 사상적 영위를 지속한다.

에토 준의 경우

5월 19일의 강행채결 후, 기성 조직과는 다른 형태의 집단이 생겨난 것을 언급하며 앞에서 '소리 없는 소리의 모임'에 대해 지적했다. 에토 준(江藤淳), 아사리 게이타(淺利慶太), 가이코 다케시(開高健), 오에 겐자부로(大江健三郎), 이시하라 신타로(石原慎太郎), 다니카와 순타로(谷川俊太郎), 데라야마 슈지(寺山修司), 다케미쓰 도루(武滿徹) 등이 결성한 '젊은 일본의 모임(若い日本の會)'도 그러한 집단이었다. 여기서 이름을 든 사람들은 모두 이후에 각자의 분야에서 큰 업적을 남기게 되는 사람들이다.

에토에 의하면 '젊은 일본의 모임'은 "그러한 '조직'이 항시 존재하는 것은 아니고, 5명이 모이면 5명이, 50명이 모이면 50명이 이 모임의 회원이다"라고 말하는 것이었다〔"'소리 없는 자'도 일어난다("聲なきもの"も起ちあがる)," 『중앙공론』 1960년 7월호〕. 뭔가 후에 '베트남에 평화를!' 시민연합(베평연)을 상기시키는 새로운 사람들의 연계방식이었다고 할 수 있을 것이다.

에토는 5월 19일의 강행채결을 텔레비전 뉴스로 보고 '그들(기시 내각과 자민당 주류파)이 다수에 의지하여 민주주의 정신을 능욕한' 것에 분노를 느꼈다.

시위에 참여할 줄도 모르고 노동가를 부르는 것도 좋아하지 않는 시민이라 하더라도 전후좌우의 타인에게 신경 쓰고 부족한 지혜를 짜내며 하루벌이로 생활하고 있다. 부끄러움도 참고 있다. 나쁜 일도 남몰래 한다. 그러나 기시 노부스케 씨와 그 일당과 같은 횡포는 여기서는 용서받지 못한다. 그들은 인간을 모멸하고 있다.

이렇게 생각할 때 나의 문제가 이미 안보조약의 가부를 넘어 민주주의, 즉 우리들의 생활이 그 위에서 성립하고 있는 최저한의 약속이 있고 없음(存否)에 관련한 문제라는 것을 깨달았다.

이를 미루어 보아 에토는 '민주냐 독재냐'라는 문제를 제기한 다케우치 요시미와 거의 같은 지점에 있었다고 할 수 있을지도 모른다. 그러나 반년 후 에토는 "'전후' 지식인의 파산"〔"戰後"知識人の破産, 『문예춘추』 1961년 11월호, 『1946년 헌법―그 구속(一九四六憲法―その拘束)』에 수록〕을 기고하여 "'안보투쟁'이라는 이상사(異常事)'를 씁쓸한 기억으로 총괄하게 된다.

"최근 오랜만에 종합잡지를 구석구석까지 읽었다. 다 읽고 느낀 점은 기묘한 빤한 속이다"고 평하며 "거의 하나같이 살아 있는 문장이 없다"고 문예평론가다운 단죄를 하고 있다. 또한 "일종의 지적 파탄 다음의 공허함"이 있을 뿐이라고 말한다. 대체 무엇이 파탄했다는 것일까.

그것은 "아마도 전후 일본의 인텔리겐차가 신봉해 온 규범이자 사고의 형태일 것이다"고 그는 말한다. 8월 15일의 패전으로 생긴 '정치의 장치'를 절대적인 규범으로 하여 그것을 지키는 것을 절대 정의라고 하는 사고 형태가 그것이다. 이러한 입장에서 에토는 시미즈 이쿠타로와 마루야마 마사오를 한 묶음으로 해서 비판한다.

양자(시미즈, 마루야마)는 '일의 본원'을 8월 15일에서 찾으려 하는 점에서 일치하고, 적어도 정치에서 도덕의 중심을 잡으려 하는 점에서 동일하다. … 굳이 차이를 지적한다면, 마루야마 씨는 예컨대 예산서를 작성하여 파산 따위는 일어나지 않는다고 말하고 있는 데 대해 시미즈 씨가 결산서를 작성하여 반 무의식 중에 파산을 입증해 버렸을 뿐일 것이다.

에토에게 마루야마와 시미즈는 결국 '전후'라는 가상의 구조 (假構)를 근거로 말하고 있는 것에 지나지 않았다.

'전후'라는 가상의 구조를 제거해 보는 것이 좋다. 일본을 뒷받침해 온 것이 생활하는 실제가들의 노력이고, 이를 위험에 빠뜨린 것이 이상가의 환상이었다는 하나의 줄기가 오늘까지 이어지고 있다는 것이 보일 것이다.

이후 에토는 스스로 '전후'라는 가상의 구조를 폭로하는 일련의 일을 전개하게 된다.

후쿠다 쓰네아리의 진보파 비판

'60년 안보'의 열광을 시종 깬 눈으로 바라보고 있었던 것은 후쿠다 쓰네아리이다.

시미즈 이쿠타로의 밀장 당시 참석자석의 가장 앞줄에 후쿠다가 있었다는 것은 서장에서 지적했다. 패전 후 얼마 되지 않은 시기, 후쿠다는 시미즈가 소장으로 지내던 20세기연구소의 연구원이었다는 점도 밝혔다. 시미즈와 후쿠다는 처음부터 이질적인 지식인이었음에 틀림없다. 그러나 이것도 이미 지적한 바와 같이, 적어도 '같은 지점'을 공유하고 있었던 것은 틀림없다.

후쿠다 쓰네아리(1912~1994)

이 두 사람은 '60년 안보'에서는 정 반대 지점에 있었다.

문예평론가, 영문학자, 연극인 등 다채로운 활약을 한 후쿠다는 진보 적 지식인과 그 사상을 급진적으로 비판한 보수파 논객이기도 했다.

그 점에서 후쿠다가 최초로 주목 받은 것은 『중앙공론』 1954년 12월 호에 게재된 "평화론의 진행방식 에 대한 의문—어떻게 각오를 정하면 좋을까"〔平和論の進め方に ついての疑問—どう覺悟を決めたらいいのか, 『평화론에 대한 의문(平和 論にたいする疑問)』에 수록〕였다. '평화론'이라고 이름 붙여 후쿠 다가 여기서 표적으로 한 것은 평화문제담화회의 '성명' 등을 통해 이른바 '논단'의 주류가 된 사고방식이다.

개개의 문제를 모두 미일안보조약의 존재에 결부시키는 '평 화론'의 지향이 먼저 일반적으로 비판된다. 후쿠다는 그 말을 사 용하고 있지는 않지만, 이 비판은 마루야마가 스탈린 비판에 대 해 논평했을 때 사용한 '기저체제 환원주의'를 생각하게 한다.

더욱이 개별적인 '평화론'에 대한 의문이 점차 제시된다. 후 쿠다에게 가장 큰 문제는 "평화론의 결과로서는 그것을 진지하 게 받아들인 청년들의 눈에 자본주의 국가는 모두 악으로 비춰 지게 되는" 사태이다. 소련=평화세력, 미국=호전국이라고 어 떻게 말할 수 있는가, 19세기형의 독립국가 따위는 현재에는 있을 수 없고 미국과 협력하는 것이 왜 안 되는가 하고 후쿠다는 묻는다.

이 후쿠다 논문은 '평화론' 측의 반론을 부르고, 그에 대해 후쿠다가 재비판하는 등 논쟁이 되었는데, 여기서는 시간을 1960년으로 나아간다. 후쿠다는 아직 안보개정반대운동이 어느 정도의 확산을 보이기 전인 1960년 1월호의 『문예춘추』에 "진보주의의 자기기만(進步主義の自己欺瞞)"을 쓰고 있다. 진보를 최고의 가치로까지 떠받들어 "진보를 섬기는 것만이 아니다. 진보이외의 것은 섬기지 않는다는 점을 서약한 사상적 태도"로서의 진보주의를 원리적으로 비판한 것이다.

'안보투쟁'이 끝난 후, 후쿠다는 "상식으로 돌아가라(常識に還れ)"를 『신조』(新潮, 1960년 9월호)에 발표했다(『상식으로 돌아가라』에 수록). 진보주의 비판의 응용편이라 할 수 있다. 진보주의를 뒷받침하는 '사회과학사고'에 후쿠다는 상식을 대치한다. 예컨대 상식은 다음과 같은 것이다.

내가 아는 한 신조약은 여당이 말하는 정도로 개선된 것은 아니지만 야당이 말하는 정도로 일본을 위기에 처하게 하는 것은 더더욱 아니다.

국민 대중은 이러한 상식을 가지고 있음에도 '안보반대'를 외치고, 신안보조약 성립 후에는 '민주주의의 정착'이라고 평가한 진보파에는 이것이 결여되어 있다고 후쿠다는 말한다.

후쿠다의 이러한 물음에 응한 사람은 이름이 거명되며 비판
받은 마루야마를 포함하여 없었다. 후쿠다는 나아가 "논쟁의 권
유"(論爭のすすめ, 『중앙공론』 1961년 3월호)를 썼지만, 논쟁은 일
어나지 않았다.

전후 일본의 '통과의례'

'60년 안보'란 대체 무엇이었나. 필자 자신의 능력은 차치하
더라도 이 문제를 논단이라는 장에 한정한 본서의 벅찬 물음이
다. 논단이라는 장으로 끌어당겨 아주 작은 필자의 생각을 기술
해 두고자 한다.

쇼와사 연구가 호사카 마사야스(保阪正康)는 '60년 안보'의 발
단에서 종언까지를 검증한 『60년 안보투쟁』(六〇年安保鬪爭,
1986년 간행)에서 "지금 "60년 안보투쟁"을 돌아볼 때, 전후 일
본이 한 번쯤은 통과해야만 할 의식이었다고 분석하는 것이 가
장 타당성을 갖고 있는 것처럼 생각한다"고 기술하고 있다.

처음 읽었을 때 '통과의례'?, 하고 생각했던 기억이 있다. 패
전 이후 국민국가 일본은 '새 출발'이 부득이했다. 바꾸어 말하
면 다시 태어난 것이다. 그렇다면, '60년 안보'는 그때 출생한 아
이가 성인이 되기 전에 경험하지 않으면 안 되었던 '통과의례'
였다고 할 수 있을 것이다.

일본에게 점령기를 포함하여 '60년 안보'까지의 15년은 새로
운 국가형성(nation building)의 기간이었다. 어떠한 네이션이 바

람직한가에 관한 구상이 활발히 거론되었다. 이는 곧 어떤 '어른'이 될 것인가의 문제였다. 논단이라는 장에서 보면, 평화문제담화회가 내세우고 『세계』를 중심 무대로 하여 다수의 논자가 설파한 '비무장중립의 일본'이 가장 유력한 '어른' 후보였다.

현실에서는 샌프란시스코강화와 미일안보조약으로 미국에 군사기지를 제공하고 냉전 하 서방 측 일원으로서의 '어른'이 되는 길이 선택되었다. 그렇지만 아직 전쟁 기억과 전중의 비참한 체험이 생생하게 살아 있던 시기였기 때문에. '비무장중립의 일본'은 '다른 하나의 국가구상'으로 살아남았다. 이를 뒷받침한 것은 평등하고 풍요로운 사회를 구축하는 것으로 여겨진 사회주의이다. 아직 빈곤이 눈에 보이는 시대였기에, 현실의 사회주의 제국의 매진과 더불어 사회주의는 여전히 매력적인 사상이었다.

샌프란시스코강화와 미일안보조약을 맺었다고는 해도, 이 단계에서 일본이라는 나라가 완전히 자립한 '어른'이 된 것은 아니었다. 1950년대 중반 이후, 착실한 경제 발전을 배경으로 일본을 진정한 '어른'으로 자립시키고자 하는 원망(願望)이 강해졌고, 당시 정권을 쥔 기시 수상은 미일안보조약개정이라는 형태로 '성인식'을 거행하는 것을 기도했다.

생명을 보존하고 있었던 '다른 하나의 국가구상'은 대항해야 할 상대의 출현으로 얼핏 보아 힘을 만회한 것처럼 보였다. 그렇지만 '60년 안보'는 결국은 '국가구상'의 대립으로서가 아니라, '민주주의를 지켜라'라는 수준의 투쟁으로 격상되었다. 사후적으로 생각해 보면 논단에서 다수를 점해 온 '다른 하나의 국가구상'은 최종적으로 이때 사망선고가 내려졌다고 할 수 있을 것이다.

이후 네이션 빌딩과 같은 '큰 문제'는 국민으로부터 먼 것이 되었다. '성인식'이라는 '통과의례'를 마치고 정식으로(?) '어른'이 된 일본이라는 나라는 정신 차리고 보니 그때까지와는 다른 것이 되어 있었다. 얼마 후 질주를 시작한 고도경제성장 아래 논단의 양상도 급격하게 변화해 간다.

제7장
고도성장＝대두하는 현실주의

가토 히데토시의 '중간문화론'

제6장 마지막에 1950년대 중반 이후, '전후'의 틀이 급속히 변하고 있었다는 점을 지적하였다. 특히 스탈린 비판이나 헝가리사건으로 '사회주의'의 위신이 흔들리는 한편, 일본사회에서는 고도경제성장에 의한 큰 구조 변동이 시작되고 있었다는 점을 지적했다. 논단은 이러한 변동의 징후와 어떻게 마주하고 있었는가. '60년 안보'의 시대에서 조금 시간을 되돌리고자 한다.

잡지로서는 『중앙공론』의 활약이 눈에 띈다. 이미 지적한 바와 같이, 후쿠다 쓰네아리가 "평화론의 진행방식에 대한 의문"을 써서 1954년이라는 이른 단계에 『세계』에 모여든 지식인의

'평화론'에 파문을 일으킨 것도 『중앙공론』이 무대였다.

'중간문화'라는 개념으로 시대의 구조 변동을 추궁하여 따진 가토 히데토시(加藤秀俊)의 '중간문화론(中間文化論)'도 『중앙공론』 1957년 3월호에 게재되었다〔『중간문화(中間文化)』에 수록〕. 가토는 1930년생이다. 도쿄상과대학(현재 히토쓰바시대학)에서 미나미 히로시(南博)에게 수학했으며 이 논문을 발표할 당시는 교토대학 인문과학연구소 조수였다.

가토는 먼저 전후 일본 문화를 고급문화중심 · 대중문화중심 · 중간문화중심이라는 3단계로 나누어 이미 현재는 '중간문화 시대'에 들어 있다고 지적한다.

고급문화중심 단계는 1945년부터 1950년경까지로 이 시기 문화를 상징하는 것은 '고급종합잡지저널리즘'이다. 제2기의 '대중문화 시대'는 1950년부터 1955년까지로 이 시대를 상징하는 것은 '화염병과 『평범(平凡)』'이라고 한다.

『평범』은 1945년 12월에 창간된 오락잡지로 1950년대에 들어 부수가 급속히 확대되었다. 유사한 잡지로 『명성(明星)』이 있었다. 두 잡지 모두 영화 스타나 인기가수들의 화제를 게재하여 대중적인 인기가 있었다. '화염병'은 일본공산당의 무장투쟁노선을 상징한다. 즉, 이 시기 일본인은 소수의 과격파와 대중오락을 향유하는 나머지 대다수 사람들로 양극 분열했다고 가토는 말한다.

그리고 1956년 이후의 제3기가 '중간문화 시대'이다. '중간문화'는 '고급문화'와 '대중문화'의 중간적 형태로서 '주간지'가 이

시기를 상징한다. 주간지는 전전부터의 『주간아사히(週刊朝日)』, 『선데이 마이니치(サンデ─毎日)』에 더해 1956년 2월 최초로 출판사에 의한 주간지로 『주간 신조(週刊新潮)』(신조사)가 창간되고, 1959년에 『주간 현대(週刊現代)』(강담사)와 『주간 문춘(週刊文春)』(문예춘추) 등이 이어졌다.

제1기를 상징하는 '종합잡지'의 직접적이고 진지한 논의는 쫓아가지 못하지만, 그렇다고 『평범』적인 대중오락에는 만족하지 않는다. 정치적 관심도 적당히 있지만, 지속적이지는 않다. 주간지가 매주간마다 새로운 화제를 제공해 주는 것과 마찬가지로 관심은 변해 간다. 그런 의미에서는 관심이라기보다 관심과 무관심의 중간이라고도 할 만한 호기심이 보다 적합한 용어이다. 가토는 '중간문화'를 이와 같이 규정했다.

'중간문화' 담당자는 교육의 균일화와 매스 커뮤니케이션이 낳은 새로운 '중간층'이다. 바야흐로 도시의 샐러리맨만이 '중간층'인 것은 아니다. 농민이나 노동자 사이에도 '중간문화'는 확산되고 있다고 가토는 지적한다.

더 이상 '전후'가 아니다

나카노 요시오의 "더 이상 '전후'가 아니다(もはや「戰後」ではない)"는 『문예춘추』 1956년 2월호에 게재되었다. 가토의 '중간문화론'이 세상에 나오기 거의 1년 전의 일이다. "더 이상 '전후'가 아니다"라는 말은 1956년 7월 발표된 '경제백서'에서 사용되어 후에 당대의 키워드가 된다.

시기적으로는 나카노 논문이 6개월 정도 빠르지만, 나카노가 사상과 정신의 양태로서 '전후'의식의 탈각을 설명하고 있는 데 반해, '경제백서'는 당연히 전적으로 경제 문제로서 이 말을 사용했다. 다음은 '제1부 총론'의 '결론' 부분이다.

전후 일본 경제의 빠른 회복에는 참으로 만인의 뜻밖의 일이 있었다. 그것은 일본 국민의 근면한 노력을 통해 배양되고 세계정세의 호조건으로 육성되었다. … 빈곤한 일본이었기에 세계의 다른 나라들에 비해 소비와 투자의 잠재수요는 아직 높을지 모르지만, 전후의 한 시기에 비하면 욕망의 치열함은 확실히 감소했다. 더 이상 '전후'가 아니다.

'경제백서'를 집필한 것은 경제기획청 조사과장 고토 요노스케(後藤譽之助)이다. 도쿄대학 공학부를 졸업하고 1941년 전기청(電氣廳)에 들어가 전후에 경제기획청의 전신인 경제안정본부(經濟安定本部)로 옮겼다. '경제백서'는 1947년 '경제실상보고서(經濟實相報告書)'로 처음 발행되었다. 집필자는 쓰루 시게토였다. 고토는 1952년도판부터 1955년도판을 제외하고 1958년도판까지 6회의 '경제백서'를 집필했다.

"더 이상 '전후'가 아니다"는 표현은 그후 시간의 흐름 속에 고토의 의도 이상의 의미를 갖게 되었다고 할 수 있을지도 모른다. 1955년 산업 전체의 생산지수가 전전기의 최고 수준을 돌파

했다. 고토는 전후 부흥을 내건 일본 경제가 향후 지금까지와 같은 급격한 성장은 바랄 수 없다고 생각했다.

그러나 전후의 기아와 결핍과 혼란의 시대를 벗어난 사람들에게 이 말은 미래를 상징하는 말로 받아들여졌고, 실제로 경제는 고토의 예상을 훨씬 뛰어넘는 고도성장을 계속했다. 1956년 경제성장률은 10%였다. 이후에도 경기 순환으로 불황기는 있었지만, 1973년 10월 제1차 석유위기가 일어나 전후 처음으로 마이너스성장이 되기 전까지 평균 10%에 미치는 경이적인 경제성장률이 지속했다.

가토 히데토시의 '중간문화론'을 지금 다시 읽으면, 분석이 상당히 표층적으로 여겨진다. 경제동향에 대해서도 직접 언급하고 있지 않다. 그렇지만 고도경제성장이 실현할 사회의 조짐을 정확히 포착하고 있었던 것도 사실이다. 패전 직후의 빈곤을 탈피하여 '풍요로움'을 향해 도약하고 있던 일본 사회에서는 종래의 마르크스주의적 계급분석은 통용되지 않고 있었다. 이를 포괄적인 사회이론으로 제시한 사람이 마쓰시타 게이이치(松下圭一)였다.

'대중사회' 논쟁

마쓰시타 게이이치의 "대중사회 성립과 그 문제성(大衆社會の成立とその問題性)"은 암파서점이 간행하는 『사상』(1956년 11월호)에 실렸다. 『사상』은 『세계』 같은 종합잡지가 아니라 사회과

학·인문과학계열의 학술논문이 실리는 상당히 전문성이 높은 잡지였지만 큰 반향을 일으켰다. 이 논문을 계기로 다수의 논자가 가담한 대중사회 논쟁이 전개되었는데, 여기서도 『중앙공론』이 주요 무대가 되었다.

마쓰시타는 마루야마 마사오 문하의 정치학자이며 1929년생으로 가토 히데토시가 '중간문화론'을 발표했을 때와 마찬가지로 이때 아직 20대였다.

"대중사회 성립과 그 문제성"[『현대정치의 조건(現代政治の條件)』, 『전후정치의 역사와 사상(戰後政治の歷史と思想)』에 수록]에서 마쓰시타는 자본주의가 산업자본주의 단계에서 독점자본주의 단계로 고도화함에 따라 사회형태가 변화하여 〈계급〉이 〈대중〉화했다고 지적한다. 아무것도 잃을 것이 없었던 노동자계급은 이제 〈대중〉으로서 체제 내부에 편입되었다. 자본주의국가도 '시민국가'에서 '대중국가'로 형태가 변화했다고 한다.

지금 이 논문을 읽으면 다소 고색창연한 느낌을 부정할 수 없는데, 이는 마쓰시타가 기본적으로 마르크스주의 용어로 이론을 전개하고 있기 때문일 것이다. 그러나 그러한 용어법을 빼고 보면 1930년대 구미사회를 대상으로 한 마쓰시타의 분석은 당시나 그후 일본 사회의 변화 모습을 거의 정확히 포착하고 있던 것처럼 보인다.

마르크스주의 진영은 마쓰시타 논문에 강하게 반발했다. 그들에게는 '계급'만이 사회이론의 근간에 있는 개념이기 때문에 당연하다면 당연할 것이다. 『중앙공론』 1957년 6월호에 시바타

신고(芝田進午)[16]가 "'대중사회' 이론에 대한 의문―마르크스주의 학도로부터(「大衆社會」理論への疑問―マルクス主義學徒から)"를 기고했다. 시바타 비판의 골자는 "그들(대중사회론)은 마르크스의 계급투쟁이론을 부정하고 현대 사회를 무력하고 무정형한 '대중'의 사회 혹은 마찬가지지만 전능한 능력을 지닌 '엘리트' 사회로 간주한다"고 말한 점에 있었다.

이에 답한 것이 마쓰시타의 "일본 대중사회론의 의의―시바타 씨 등의 비판에 답함"(日本における大衆社會論の意義―芝田氏その他の批判に答える, 『중앙공론』 1957년 8월호)이다. 마쓰시타는 1958년 3월호 『중앙공론』에도 "마르크스주의 이론의 20세기적 전환―대중 내셔널리즘과 정치논리"(マルクス主義理論の二十世紀的轉換―大衆ナショナリズムと政治の論理, 『현대정치의 조건』에 수록)를 쓴다.

마쓰시타는 시바타 등의 비판자들이 설정한 '대중사회론 대 마르크스주의'라는 틀을 먼저 부정한다. 8월호 논문에서는 "대중사회는 … 독점단계의 보편적 문제이다"라고 강조하며 다음과 같이 지적하고 있다.

마르크스주의도 '대중'화 현상을 이론화해야 하는 한, 마르크스주의 대 대중사회론이 아니라 마르크스주의를 기초로 하는 대중사

16) 1930~2001. 철학자이자 사회학자. 마르크스주의 입장에서 자본제사회를 이론적으로 분석하였고, 베트남전쟁, 원·수폭폐기운동, 노동문제 등 다양한 사회문제를 연구하고 사회운동에도 적극적으로 관계했다.

회 상황의 이론화와 기타 입장에 의한 대중사회 상황의 이론화가
대치되어야 한다.

당시의 마쓰시타에게는 마르크스주의가 아직 큰 존재였다는
점을 알 수 있다. 그러나 마쓰시타의 기대에 부응하는 마르크스
주의 측으로부터의 응답은 없었다.

'대중천황제론'

대중사회론과 관련하여 마쓰시타 게이이치에 대해 한 가지
더 소개해 둔다. "대중천황제론"(大衆天皇制論, 『중앙공론』 1959
년 4월호, 『전후정치의 역사와 사상』에 수록)이다.

황태자와 평민(당시는 이러한 표현이 사용되었다) 출신 쇼다 미
치코(正田美智子)의 혼약이 발표된 것은 이 논문이 집필된 이전
해, 즉 1958년 11월 27일이었다. '밋치'라는 애칭을 가진 아름다
운 약혼자는 곧바로 국민적 아이돌이 되어 밋치붐을 일으켰다.

마쓰시타는 대중사회 상황 속에 "황실은 대중으로부터 경애
되는 성(聖)스러운 가족이 되었다"고 말한다. "지금 천황제는 대
중천황제로 전환되면서 '대중'의 환호 속에 새로운 에너지를 흡
수하고 있다"는 것이다.

'평민'과의 '연애결혼'이라는 매스컴이 만들어 낸 이야기는
대중사회 상황의 논리로 '황실'도 평준화하는 것이었을 것이다.
그렇지만 대중은 그 위에 '스타'라는 성스러운 지위로 황실을

치켜세웠다.

'평민'과의 '연애결혼'으로 황태자는 '전후민주주의—신헌법의 상징'이 되었다. 마쓰시타는 "황실과 대중의 '민주적 결합'의 최종적인 마무리가 황태자의 결혼이 될 터이다"라고 지적하고 있다.

마쓰시타 논문이 게재된 『중앙공론』이 발매되고 1개월 정도 후, 1959년 4월 10일 마차를 이용한 '성혼 퍼레이드'가 이루어졌다. 황거(皇居)에서 시부야(澁谷)의 동궁(東宮) 임시 어소(御所)까지 연도(沿道)는 53만 명의 인파로 가득했다. 각 텔레비전 방송사들이 총력을 기울여 중계했다. NHK, 민방 합해서 100대 이상의 카메라가 사용되었으며 NHK텔레비전 수신계약이 급증하여 전년의 약 100만 대에서 퍼레이드 1주일 전에는 200만 대에 달했다고 한다. 텔레비전을 통해 퍼레이드를 본 사람은 1,500만 명이라고 한다.

그것은 마쓰시타가 말하는 '대중천황제'가 그 모습을 확실히 사람들에게 보인 공전의 미디어 이벤트였다. 쓰다 소키치 논문에 요시노 겐자부로가 곤혹스러워 했을 때나 천황제의 정신구조를 명백히 한 마루야마 마사오 논문이 다수의 사람들에게 충격을 주었을 때로부터 일본인은 아주 멀리 떨어진 곳까지 와 있었다.

다음 해는 '60년 안보'의 해로, 이 시기의 논단에 대해서는 이미 지적하였다. 퇴진한 기시 노부스케에 이어 1960년 7월 이케다 하야토(池田勇人)가 수상이 되었다. 이케다 내각은 12월 소득배증계획을 각의결정했다. 그리하여 일본은 정치의 계절에서 이른바 경제의 계절로 옮아갔다. 당시 논단은 큰 사건을 경험한다.

테러리즘의 공포

1961년 2월 1일 밤, 도쿄도 신주쿠구 이치가야(市ケ谷)의 중앙공론사 사장 시마나카 호지(嶋中鵬二)[17] 자택에서 가사도우미 여성이 살해(刺殺)당하고 시마나카 부인이 중상을 입은 사건이 있었다. 범인은 17세의 우익소년으로 다음 날 자수하여 체포되었다. 소년이 노린 것은 시마나카 본인이었지만, 시마나카는 자동차로 자택 근처까지 와 있었으나 생각나는 것이 있어서 대일본인쇄 공장으로 차를 돌려 화를 면했다.

후카자와 시치로의 '후류무탄'이 게재된 『중앙공론』 1960년 12월호

전년 12월 『중앙공론』에 후카자와 시치로(深澤七郎)[18]의 '후류무탄(風流夢譚)'이 게재되었다. 이는 꿈 속에서 혁명이 일어나 천황 일가가 처형되는 단편소설이다. "황태자 전하의 목은 대굴대굴하고 소리 내면서 저쪽 끝까지 굴러갔다"는 표

17) 1923~1997. 중앙공론사장. 종합잡지 『중앙공론』을 중심으로 전후 출판계에 큰 업적을 남겼다.
18) 1914~1987. 소설가이자 기타리스트.

현도 있어서 궁내청(宮内廳)이 황실에 대한 명예훼손 문제를 제기할 움직임을 보이고, 우익단체도 격렬하게 규탄하고 있었다.

1960년 10월 12일에는 도쿄 히비야 공회당에서 사회당위원장 아사누마 이네지로(淺沼稻次郎)가 역시 17세의 우익소년에게 살해되는 사건이 일어났었다. 출판사 사장을 노린 범행에 '언론자유를 지키자'는 목소리가 출판계를 비롯해 각계에서 일어난 것은 당연한 일이었다.

『세계』 1961년 4월호는 '언론 자유와 민주주의(言論の自由と民主主義)'를 특집으로 다뤘다. 히다카 로쿠로의 "언론을 지키는 것과 침해하는 것(言論を護るもの侵すもの)"은 사건 후, 피해자인 시마나카가 중앙공론사 사장명의로 '사과(お詫び)'를 할 수밖에 없었던 상황에 대해 다음과 같이 지적하고 있다.

우익 행동의 배후를 과소평가할 수는 없다 해도, 오히려 거기에 있는 것은 공포감의 확대재생산이었다. 두려워해야 하는 것은 현실의 우익에 대한 두려움보다도 오히려 그것에 대한 공포감, 보다 단적으로 현실보다 과대평가된 공포감이 모든 사람을 붙들고 있는 것처럼 확신하는 환각이었다고 할 수 있다.

테러리즘이 갖는 두려움의 본질을 정확하게 지적한 것이라고 해도 좋을 것이다.

시마나카사건이 일어나기 전후의 일에 대해서는 당시 『중앙공론』 편집부원이었던 나카무라 도모코(中村智子)의 『'후류무

탄사건' 이후—편집자 개인의 역사(「風流夢譚事件」以後—編集者
の自分史)」 등에 상세하다. 필자 자신은 1995년 시마나카 호지를
인터뷰한 적이 있다(내용은 마이니치신문사 편, 『암파서점과 문예
춘추』에 수록). "나 자신은 목숨을 건져 … "라고 고심의 표정을
지으면서도 시마나카는 솔직히 당시의 일을 말해 주었다. 아마
도 사건에 대한 시마나카의 말이 정리되어 활자로 된 유일한 것
일 것이다. 시마나카 자신은 오래도록 이 사건에 대해 공식적으
로 언급하는 것을 피했던 듯하다. 히다카 논문도 지적했던 사장
으로서 개인명으로 낸 '사과'에 대해서도 들었다. 이 '사과'는
『중앙공론』 1961년 3월호에 게재되었다.

 '후류무탄'이 "게재하기에 부적절한 작품이었음에도 불구하
고, 제 감독 소홀 때문에 출간되어 황실 및 일반 독자에게 큰 폐
를 끼친 데 대해 사과드립니다"라고 하면서, "살상사건까지 야
기하여 세상을 소란스럽게 한 데 대해 거듭 깊이 사과드립니다"
라는 '사과'를 거듭한 내용이었다.

 이는 당시 '언론 자유'를 내건 중앙공론사의 '인사'(ご挨拶, 사
건 4일 후인 2월 5일 『마이니치신문』 등에 게재)와 모순된다고 비
판받았다. 필자의 질문에 시마나카는 다음과 같이 답했다.

 내 '사과'는 사건 이전에 우익 항의단에 대해 행했던 약속에 대
한 회답이었습니다. 사건이 일어나 사정이 변했으므로 그 따위 '사
과'를 낼 필요는 없다는 의견도 있었지요. 그러나 나는 실명을 사용
한 그러한 소설은 역시 중대한 명예훼손과 관련된 것이어서 작가

로서의 후카자와 씨의 입장은 어찌되었든 게재한 책임은 있다고 생각했지요.

'언론 자유'를 내건 중앙공론사의 '인사'는 폭력으로 '언론자유'를 봉쇄하려는 행위에 대해서이고, 자신의 '사과'는 그 이전의 문제라는 것이다. 물론 폭력은 용서할 수 없다. 그렇지만 그 작품에 관해 우익이 항의해 왔다는 것 자체에는 이유가 있었다는 것이다.

'후류무탄'에 대한 작품으로서의 평가와는 별개로 시마나카의 설명에 필자도 납득이 된다. 그러나 사건 후 시마나카와 중앙공론사에 히다카가 지적한 '공포감의 확대재생산'이 있었다는 점도 부정할 수 없다고 생각한다.

『사상의 과학』의 '천황제 특집호' 폐기사건

잡지 『사상의 과학』에 대해서는 이미 간단히 언급했다. 1956년 2월 일단 휴간했지만 1959년 1월부터는 중앙공론사가 발행처가 되어 다시 간행되었다(제4차).

1962년 1월호는 시마나카사건 1주년이 되는 2월 1일을 앞둔 '천황제(天皇制)' 특집이었다. 후지타 쇼조(藤田省三)·가케가와 도미코(掛川トミ子)의 대담 "현 단계의 천황제문제―상(現段階の天皇制問題―上)", 후쿠다 간이치의 "20세기의 군주제 운명(20世紀における君主制の運命)", 쓰루미 요시유키(鶴見良行)의 "전후

천황제의 존재와 의미(戰後天皇制の存在と意味)", 노마 히로시(野間宏)의 "쿠데타와 천황제군대(クーデターと天皇制軍隊)", 아시즈 우즈히코(葦津珍彦)의 "국민통합의 상징(國民統合の象徵)" 등의 논문이 게재되어 있었다.

1961년 12월 이 '천황제 특집호'를 중앙공론사가 '업무상의 사정'을 이유로 발매중지하고 잡지 자체를 폐기처분해 버렸다. 폐기처분하기 전에 중앙공론사가 이 특집호를 공안조사청 직원들에게 보여 줬다는 사실도 밝혀졌다.

'사상의 과학연구회'는 성명을 발표하여 "국가권력과 출판사 수뇌가 마치 한통속인 듯한 인상을 주어 이 때문에 비판의 자유에 대한 사회적 터부의식을 강화시켰다"고 중앙공론사를 강하게 비판했다.

'사상의 과학연구회'는 1962년 3월 유한회사 '사상의 과학사(思想の科學社)'를 설립하여 『사상의 과학』의 자주출판에 뛰어든다. 초대 사장에는 구노 오사무가 취임했다. 폐기된 1962년 1월호 『사상의 과학』은 4월에 복간호로 그대로 간행되었다. 중앙공론사에 대한 비판은 점차 확산되어 항의 의사를 표명하기 위해 '사상의 과학연구회' 멤버는 물론 기고자들의 집필거부 선언이 이어졌다.

자사가 간행하던 잡지에 게재된 '천황제'와 관련한 소설이 원인이 되어 우익소년이 사장을 습격하고 사장 본인은 간신히 화를 면했지만, 사망자가 나오고 사장 부인이 중상을 입었다. 확실히 이 사건이 중앙공론사에 미친 충격은 매우 컸을 것이다. 그렇지만 여기서 간단히 되돌아본 '천황제 특집호' 폐기사건은 역시 히다카가 말하는 '공포감의 확대재생산'이라는 결과라고 하지 않을 수 없다. '천황제'는 위험하다는 공포감이 출판인으로서의 윤리를 벗어나게 한 것이다. 『중앙공론』은 구체적인 집필 거부 그 이상의 큰 타격을 입었다.

터부가 없는 언론은 논단지가 의거하는 중요한 기반이다. 『중앙공론』은 스스로의 행위로 터부를 만들어 버렸다.

예측을 넘어선 '고도성장'

시마나카사건과 그후의 '사상의 과학·천황제 특집호' 폐기사건은 논단의 장으로서의 『중앙공론』을 크게 변모시켰고, 이에 따라 '현실주의'노선이 대두하게 되었다—전후 사상 혹은 논단의 흐름에 관한 이러한 기술이 자주 눈에 띈다. 아니, 필자 자신도 몇 번이고 이러한 의미의 것을 써온 기억이 있기에 남의 일이 아니다.

확실히 현상으로서는 맞는 부분도 있고, 테러리즘이 초래한 영향도 적지 않았을 것이다. 그렇지만 이 책을 집필하는 가운데 사정은 그 정도로 단순하지 않았으리라고 생각하게 되었다. 요약하면, 1960년대에 들어 이른바 '현실주의'적 관점이 논단에 등장하는 데는 충분한 경제적, 사회적 근거가 있었다는 것이다.

'60년 안보' 후, 이케다 정권이 탄생하여 소득배증계획이 시작되었다는 것은 이미 지적했다. 소득배증계획 자체는 기시 정권 아래 입안(立案)되었던 것이지만, 대장관료 출신인 이케다는 "경제는 이케다에게 맡겨 주세요"라고 국민에게 홍보하면서 계획을 실행에 옮겼다.

소득배증계획이란 10년간에 국민소득을 2배로 한다는 것이다. 이케다는 이 밖에도 완전고용 달성, 사회자본 충실, 경제 이중구조 해소 등을 정책목표로 내걸었다. "월급을 두 배로 높이겠습니다"라는 소득배증계획은 참으로 알기 쉬워 국민에게 어필했다.

1950년대 중반 이후의 일본 경제 성장에 대해서는 "더 이상 '전후'가 아니다"라는 표어를 말할 때 이미 지적했다. 여기서는 약간 숫자를 들어 둔다.

이케다와 그의 경제 브레인인 시모무라 오사무(下村治) 등은 소득배증을 실현하기 위해서는 매년 7.2%의 명목 경제성장률이 있으면 된다고 계산하고 있었다. 1955년부터 1960년까지의 평균 실질경제성장률은 8.7%였으므로 이것은 충분히 가능한 수치라고 생각했다. 그런데 1960년부터 1965년까지의 5년간 평균 실질경제성장률은 9.7%였다. 이케다 등의 탁상 계산을 훨씬 상회한 것이다.

후에 『쇼와사(昭和史)』 등에서 고도성장을 되돌아보게 된 경제학자 나카무라 다카후사(中村隆英)가 "지금 계속되고 있는 변화를 10년 전, 아니 5년 전에 전망할 수 있었던 이코노미스트는 거의 없었다고 할 수 있다"라고 쓴 것은 1968년의 일이었다〔"고도성장 재고찰(高度成長の再考察)", 『세계』 5월호〕.

고도성장은 1973년의 제1차 석유위기까지 계속되었다. 1950년대 후반의 '진무(神武)경기'로 시작해서 '이와토(岩戸)경기', '이자나기경기' 같은 말이 춤추었다. 그러나 말이 춤춘 것만이 아니었으며, 일본이 경제적으로 풍요로워졌다는 것은 틀림없는 사실이다.

고도성장 기간을 1955년부터 1973년까지 18년간이라고 생각하면, 이 사이에 국민총생산(GNP)은 명목으로 13배, 실질로 5배가 되었다. 1968년에는 일본의 GNP는 서독을 제치고 자본주의 제국 가운데 미국에 이어 두 번째 경제대국이 되었다.

무역자유화도 착착 진행되었다. 1955년 일본 시장의 자유화율은 16%에 지나지 않았으나 1963년에는 90%에 달했다. 다음 해에는 경제협력개발기구(OECD)에도 가맹한다. 일본은 원조를 받는 쪽에서 발전도상국에 원조하는 쪽이 되었다.

이 사이의 일본 사회의 변화를 가장 잘 말해 주는 것은 산업 구조의 변화일 것이다. 1950년, 농업·어업·임업 등의 제1차 산업이 산업별 취업자 인구의 48.8%를 점하고 있었다. 1970년 제1차 산업 취업자는 9.1%로 격감했는데, 제1차 산업의 대부분은 농업이었다. 격변은 요컨대 농업의 현저한 쇠퇴였다.

농업을 떠난 사람들은 도시로 이주했다. 고도성장기, 일본의 도시화는 현저하게 진행되었다. 그 중심에 있었던 것은 말할 것도 없이 도쿄였다. 도쿄에서는 1964년 개최된 올림픽을 기회로 도시개조가 급속히 진행되었다.

고도성장이 공해 등 심각한 사회문제를 야기한 것도 사실이지만, 일본 경제의 파이가 급속히 커져 한 사람 한 사람의 배분도 그에 상응하여 증가한 것 역시 명백하다. 일본은 이 시기에 획일적인 대중이 만들어 낸 대중사회로 분명히 대변모했다.

고사카 마사타카의 데뷔

1960년대 논단에서의 '현실주의' 대두는 이러한 역사의 큰 흐름 속에 위치지울 수 있을 것이다.

상대적으로 풍요해진 가정에는 가전제품 등의 내구소비재가 늘어갔다. 흑백TV, 전기세탁기, 전기냉장고가 가전의 '3종의 신기(神器)'로 일컬어졌다. 특히 텔레비전 보급률은 급속히 높아졌다. 평론가 오야 소이치(大宅壯一)가 주간지 칼럼에 쓴 글 속의 '일억 총백치화'가 유행어가 되는 등 텔레비전을 '저속한 것'으로 여기는 지식인의 비판은 강했다. 그렇지만 대중사회 미디어로서의 텔레비전이 큰 영향력을 발휘해 가는 현실에 그러한 비판은 역부족이었다.

정치 레벨에서도 1960년대 전반은 이상한 안정 속에 있었다. '60년 안보' 후, 1960년 11월 20일 실시된 제29회 중의원의원 총선거에서 자민당은 296석을 획득했다(무소속 당선자를 추가 공인하여 300석). 한편 사회당은 대폭 의석을 잃어 145석이었다. 이케다 내각이 내건 소득배증정책에 대항할 수 있는 정책을 준비하지 못한 채였다.

생활은 그런대로 풍요로워졌다. 미일안보 아래, 서방의 일원으로 발전한 일본은 움직일 수 없는 현실이었다. 비무장중립 · 군사기지철폐 주장은 물론 이상으로서 말할 수는 있어도 당시의 현실에 대항할 수 있는 힘을 점차 잃어가고 있었다. 전쟁이 끝나고 십수 년의 시간이 흘러 전쟁체험의 풍화도 진행되었다.

국제정치의 권력정치(power politics) 속에서 어떻게 보다 나은 길을 선택할 것인가. 국가체제의 선택과 같은 '큰 문제'가 아니라 이러한 물음이 다수의 사람들에게 공감을 얻게 되었다는 것은 어떤 의미에서는 당연했을 것이다.

이러한 시대상황 속에서 고사카 마사타카(高坂正堯)의 "현실주의자의 평화론"〔現實主義者の平和論,『해양국가 일본의 구상(海洋國家日本の構想)』에 수록〕이『중앙공론』1963년 1월호의 권두에 실렸다. 2년간 유학했던 하버드대학에서 귀국한 직후인 고사카는 당시 29세의 교토대학 조교수였다. 논단에 새로운 바람을 불어넣는 상쾌한 데뷔였다.

고사카에 주목하여『중앙공론』기고를 의뢰한 것은 당시 이 잡지의 편집차장(후에 편집장)이었던 가스야 가즈키였다. 가스야에 대해서는 본서의 프롤로그에서 다룬 바 있다. 그는 저서『작가가 죽으면 시대가 변한다(作家が死ぬと時代が變わる)』에서 고사카와의 만남에 대해 기술하고 있다.

오랜 지기인 로야마 미치오〔蠟山道雄, 로야마 마사미치(政道)의 장남으로 국제정치학자〕로부터 어느 날 "고사카 마사아키(高坂正顯)의 아들이 국제문화회관에 머물고 있는데 흥미가 있으면 만나 보게, 재미있는 사람이야"라는 전화를 받았다. 고사카 마사아키는 교토학파의 철학자로 전후 전쟁협력자로 교토대학에서 쫓겨난 인물이다.

가스야는 "고사카의 아들이라면, 전후민주주의를 간단히 믿지는 않겠지"라는 생각으로 흥미를 갖게 되어 서둘러 만나 보니 고사카는 말투에 독특한 점이 있어 사람을 끌어들이는 매력이 있었다. 하버드 유학 중 객원교수로 초빙되어 있었던 마루야마 마사오와 매일 밤 논의하였으나 의견이 맞지 않았다는 이야기를 듣는다.

가스야는 "마루야마 씨에게 많은 영향을 받았지만, 그 무렵이 되어 그의 급진주의에는 따라가지 못하고 있었다"고 쓰고 있다. 마루야마의 '급진주의'에 대해서는 잘 모르겠지만, 그것은 차치하고 가스야는 고사카에게 "마루야마 씨에 대한 위화감에 관해서 달라"고 주문했다. 이것이 "현실주의자의 평화론"으로 햇빛을 보게 된다.

'권력정치'의 현실

가스야가 의도했던 것과는 달리 고사카 논문은 마루야마 마사오를 직접 비판한 것이 아니었다. '논적'이 된 것은 가토 슈이치와 사카모토 요시카즈였다. 이미 지적하였듯이 사카모토는 "중립일본의 방위구상(中立日本の防衛構想)" 등으로 주목받은 국제정치학자였다. 고사카와 같은 전문영역에 있었던 만큼 이후 두 사람은 이상주의의 사카모토, 현실주의의 고사카로 종종 대립적으로 받아들여지게 된다.

"사카모토 (요시카즈) 씨로 대표되는 이상주의자의 논의"는 "권력정치에 대한 이해가 불충분"하다는 것이 이 논문에서의 고사카의 기본 입장이었다.

고사카는 핵전쟁이 발발할 경우 일본의 방위는 불가능하다는 사카모토의 지적은 정당하지만, 그렇다고 해서 "모든 무장이 무의미하다는 결론이 도출되지는 않는다"고 한다. 일어날 수 있는 전쟁은 사카모토가 생각하는 '핵전쟁에 의한 전면전쟁이나 전술핵무기를 사용한 국지전쟁'만은 아니라는 것이다. 이 논점은 평화문제담화회의 두 차례의 성명과 마루야마 마사오가 집필한 "재삼 평화에 대해" 이래의 비무장중립론자의 기본 인식에 대한 비판이라 할 수 있다.

더욱이 미일안보조약이 극동의 세력균형을 이루어 평화유지에 공헌하고 있다는 사실을 보려 하지 않는 것 역시 비판된다. 세력균형론은 현실주의자 고사카가 의거하는 중요한 기반이다.

그러나 고사카는 '이상주의'를 전면적으로 부정하지는 않으며, 그 이념으로서의 가치는 충분히 인정한다.

중립론이 일본의 외교논의에 가장 기여할 수 있는 점은 외교에서의 이념의 중요성을 강조하고, 이로써 가치의 문제를 국제정치에 도입한 점에 있다고 생각한다. … 일본이 추구해야 할 가치가 헌법 9조에 규정된 절대평화라는 것은 의심의 여지가 없다. 나는 헌법 9조의 비무장 조항을 가치의 차원에서 받아들인다.

그러나 이는 어디까지나 '가치의 차원'에서의 생각이다. 고사카는 종국에 이상주의자를 다음과 같이 비판한다.

문제는 아무리 우리가 군비 없는 절대평화를 원한다 해도, 그곳에 곧바로 도달할 수는 없다는 점이다. … 수단과 목적 사이의 생생한 회화의 결여야말로 이상주의자의 최대 결함이 아닐까.

이 논단 데뷔 이래 고사카는 잇달아 『중앙공론』에 논문을 기고했다. 특히 1964년은 "재상 요시다 시게루론"(宰相 吉田茂論, 2월호), "해양국가 일본의 구상"(海洋國家日本の構想, 8월호), "국제정치의 다원화와 일본— 핵 도전에 어떻게 대응할 것인가"(國際政治の多元化と日本—核挑戰にどう應えるか, 11월호) 등 역작을 3회나 기고했다.

나가이 요노스케의 『평화의 대상』

고사카 마사타카와 함께 논단에서 '현실주의'의 대두를 담당했던 것은 나가이 요노스케(永井陽之助)였다. 그는 고사카보다 조금 늦게 논단에 데뷔하였는데 무대는 역시 『중앙공론』이었다. 나가이는 1924년생으로 고사카보다 10살 위였다. 당시 홋카이도대학 조교수였고, 1966년 도쿄공업대학으로 옮겼다.

데뷔작은 1965년 5월호에 게재된 "미국의 전쟁관과 마오쩌둥의 도전(米國の戰爭觀と毛澤東の挑戰)"이었다. 이어서 다음 해 3월호에 "일본 외교에서의 구속과 선택(日本外交における拘束と選擇)"을 기고했다. 또한 같은 해 7월호에는 "국가목표로서의 안전과 독립(國家目標としての安全と獨立)"이 실렸다. 이 세 논문은 1967년 『평화의 대상(平和の代償)』으로 간행되었다. 『평화의 대상』이라는 서명 자체가 '평화'를 지상의 가치라고 말하는 논자들에 대한 통렬한 비판이었다. 고사카와 마찬가지로 나가이도 세력균형론의 입장에서 일본의 현실적인 선택지로서 당면 미일안보조약의 견지를 주장한다.

그렇지만 나가이의 논의는 '현실주의'라는 말에서 연상되는 것처럼(그리고 실제로 그러한 형태의 비판이 이루어졌던 것처럼) 현실순응적이었던 것은 아니다. 그는 미일안보체제든 미소냉전체제든, 변화시켜 가야 할 대상으로 파악하고 있었다.

예컨대 "일본 외교에서의 구속과 선택"에서 자주외교의 기초는 "자주＝핵무장이라는 방향이 아니라, 오히려 미국에 정치적으로 신뢰감과 안정감을 주는 방향에 있다"고 지적하여 외교를 통해 "미소 간의 긴장완화에 노력하고, 완화의 속도에 따라 미일안보체제를 점차 유사시 주둔의 방향으로 전화해 갈 것"이 추구되고 있다.

고사카든 나가이든 현실을 응시하면서 변혁의 방향을 말하고 있었다. 이에 대해 두 사람에게 비판받은 '이상주의자'들은 어떠했는가. '현실주의'를 표방하는 논자들의 도전을 정면에서 받아들이지 못한 채 그리운 옛 노래를 부르고 있었을 뿐이라고 한다면 지나친 말일까.

고사카를 논단에 데뷔시키고 나가이의 많은 논문을 『중앙공론』에 게재한 가스야 가즈키가 흥미로운 에피소드를 말하고 있다(『작가가 죽으면 시대가 변한다』).

데뷔논문도 포함해서 고사카는 사카모토 요시카즈를 논적으로 몇 차례인가 논문을 썼다. 고사카로부터 "꼭 사카모토와 이야기를 하고 싶다"는 말을 들은 가스야는 사카모토의 담당편집자를 통해 두 사람의 대담을 신청하였으나 사카모토에게 거부당했다. 가스야는 "기사화하지 않을 테니 두 사람이 만나 보지 않겠는가" 하고 톤을 낮추어 말을 꺼냈다. 사카모토는 『중앙공론』이 개입하는 것은 싫다고 말했고, 결국 고사카가 "제가 도쿄대학으로 찾아뵈면 되겠습니까" 하고 제안하여 마침내 두 사람의 회합이 실현되었다. 당일 고사카는 혼자 사카모토의 연구실을 방문하였고, 가스야는 저녁부터 중앙공론사에서 기다리고 있었다. 돌아온 고사카는 "대화가 전화 통하지 않아 아쉽네요."라고 감상을 말했다.

고도성장의 진전이라는 시대의 근본적 변화 속에 전후 논단을 이끌어 온 비무장중립의 평화주의는 유효성을 잃고, 논단지의 챔피언이었던 『세계』도 급속히 그 자리에서 전락했다.

제8장
『아사히저널』의 시대
—베트남전쟁 · 대학소란

베트남전쟁의 확대와 '베트남에 평화를! 시민연합'

일본이 고도성장의 길을 쉬지 않고 달리고 있을 때, 베트남에서는 언제 끝날지 알 수 없는 전쟁이 이어지고 있었다.

지금은 '베트남전쟁'이라고 들어도 아무런 느낌도 없는 사람이 많을 것이기 때문에 1965년경까지의 경과를 약술해 둔다.

일본이 항복한 직후인 1945년 9월 2일 베트남독립동맹회(베트민)를 이끄는 호찌민(Ho Chi Minh)이 베트남의 독립을 선언했다. 1946년 1월에는 호찌민을 대통령으로 하는 베트남민주공화국(북베트남)이 성립되었다. 그러나 일본을 대신하여 다시 베트남을 지배하고 있던 프랑스는 이를 인정하지 않았고, 12월 제1차

인도차이나전쟁이 시작된다.

1954년 5월 디엔 비엔 푸(Dien Bien Phu)에서 결정적으로 패배한 프랑스는 화평방침으로 전환하여 7월 제네바협정이 타결되었다. 이에 따라 북위 17도선을 잠정적 군사경계선으로 하여 북을 민주공화국, 남을 바오 다이(Bao Dai) 베트남국이 통치하고, 3년 후에 통일선거를 하기로 되어 있었다.

중국에서는 1949년 공산당 정권이 탄생하여 착실히 힘을 강화하고 있었다. 베트남이 공산화될 경우 동남아시아 전역이 공산화될 우려가 있다는 '도미노이론' 아래, 미국은 제네바협정 직후 남베트남의 사이공(현재 호찌민시)에 수립된 베트남공화국(남베트남) 초대 대통령 응오 딘 지엠(Ngo Dinh Diem)을 원조하여 남북분단의 항구화를 도모했다. 결국 통일선거는 이루어지지 않은 채였다.

1960년 12월 응오 정권 타도를 목표로 한 남베트남해방민족전선이 결성되어 제2차 인도차이나전쟁(베트남전쟁)이 시작되었다. 1963년 응오 정권은 쿠데타로 무너졌지만 부패한 남베트남 정권에서는 정변이 계속되어 미국의 군사개입은 점차 확대되었다. 1965년 2월에는 17도선 이북의 폭격(북폭)이 본격적으로 시작된다. 이 시기 베트남 주둔 미군은 2만 3,500명이었으나 12월에는 18만 1,000명으로 증강되었다.

베트남전쟁이 점차 '미국의 전쟁'으로서의 양상을 강하게 띠면서 일본 국내에서의 관심도 높아졌다. 사실 베트남전쟁은 일본에게는 '남의 일'이 아니었다.

미군은 한국전쟁 때와 마찬가지로 다양한 자재를 일본에서 조달했다. 이 '베트남특수'를 통해 일본의 외화수입은 늘고, 관련 기업도 혜택을 입었다. 국내 미군기지가 보급, 휴양지로 바뀐 것은 물론이고, 오키나와(沖繩)에서는 연일 북폭을 위해 B52가 날아올랐다. 매일 뉴스는 북폭 영상을 내보내고 있었다.

이러한 상황 속에서 '베트남에 평화를!' 시민 · 문화단체연합(후에 '베트남에 평화를!' 시민연합, 베평연)이 탄생한다. 1965년 4월 24일 도쿄도 지요다(千代田)구 시미즈타니(淸水谷)공원에 약 1,500명이 모여 미국대사관까지 가두행진을 했다. 이것이 베평연 출범이었다. 쓰루미 슌스케에게 권유받은 오다 마코토(小田實)는 이날의 집회를 위해 다음과 같은 '호소'를 작성했는데, 이후 단체의 대표가 되었다.

하고 싶은 말은 단 하나입니다. ― '베트남에 평화를!'

… 아시아 지역의 일각인 이곳 도쿄에서 우리는 지금 소리를 냅니다. 이 소리는 작을지도 모릅니다. 그러나 메아리는 메아리를 불러 세계에 신속하고 착실히 확산되어 갑니다. 예컨대 미국으로 중국으로, 물론 베트남으로. 그리고 이 소리는 우리들의 정부를 움직일 것입니다.

… 우리들은 함께 모여 집회를 열고 걷습니다. 우리는 베트남에 대해 각자 하고 싶은 말이 있습니다. 그것을 소리 내어 말합시다. 제 나름대로의 현수막을 세워 전 세계에 보입시다. 2시부터 4시까지 두 시간 동안 시미즈타니공원에서 미국대사관까지를 거쳐 도바시

(土橋)까지 … 일본의 일각, 베트남이 소재하는 아시아의 일각을 우리는 건습니다. '우리들'이라는 것은 곧 이 글을 읽는 당신입니다.

와주십시오. 한 사람 한 사람. 베트남에 마음을 쓰는 일본인의 한 사람으로, 인류의 한 사람으로 소리를 내주십시오.

집회 호소인은 오다 이외에 작가인 가이코 다케시, 다카하시 가즈미(高橋和巳) 등 21명이었다. 오다가 쓴 '호소'는 베평연이 '60년 안보'에서 보인 '소리 없는 소리의 모임' 등 새로운 형태의 조직을 이어받은 것이었다는 점을 말해 준다. 더욱이 여기에는 '미일안보체제'도 '비무장중립'도 '호헌'도 없다. 있는 것은 '베트남에 평화를!'뿐이었다.

시위도 독특했다. 하얀 풍선과 꽃다발을 손에 쥐고 길가는 사람들에게 "보통 시민으로서 참가해 주세요"라고 호소했다. '보통 시민'이 운동의 키워드였다. 두 명 이상의 사람이 모여 '베평연' 이름을 대면 그것이 '조직'의 탄생이었다. 전국 각지의 대학, 직장, 지역에 차례로 베평연이 생겼다. 1969년에는 그 수가 140을 넘었다.

베평연의 운동과 사상에 대해서는 다수의 저서·문헌이 있다. 여기서는 논단과의 관련이라는 관점에서 오다 마코토를 살펴본다.

오다 마코토의 '새로움'

　오다 마코토는 이때 33세였다. 도쿄대학 대학원 석사과정에
재학 중이던 1958년, 풀브라이트 유학생으로 하버드대학 대학
원에 유학했고, 전공은 서양고전학(고대그리스철학)이었다. 고교
시절부터 소설을 쓰기 시작하여 1956년에는 대작 『내 인생의 때
(わが人生の時)』를 간행했다. 그러나 오다가 널리 알려지게 된 것
은 『닥치는 대로 보자』(何でも見てやろう, 1961)였을 것이다. 미국
유학과 그 귀국길에 '하루 1달러'로 세계 각지를 배낭여행한
체험기이다. 젊은 감성이 공감을 불러일으켜 베스트셀러가 되
었다.

　베평연 대표가 되었을 때 오다는 혁신정당 혹은 사회운동과
직접적인 관계가 없었다. 『닥치는 대로 보자』 후 재수학원 영어
교사를 하면서 몇 편인가 소설과 평론집을 내기는 했지만 대학
교수였던 것도 아니고, '60년 안보'도 경험하지 못했다.

　물론 논단적으로 아주 '무명'이었던 것은 아니었다. 그는 1961년
8월호의 『세계』에 게재된 "좌담회 · 다른 나라를 보고 생각한다
(座談會 · 他國を見て考える)"에 구와바라 다케오, 가이코 다케시
와 함께 참석한 바 있다. 그후 새로운 세대의 대표와 같은 형태로
헌법문제의 특집(1962년 6월호)에도 등장한다. 복간한 『전망』
1964년 12월호에 " '난사'의 사상—전후민주주의 · 오늘날의 상
황과 문제(「難死」の思想—戰後民主主義 · 今日の狀況と問題)"도 게
재했다.

오다 마코토(1932~2007)

글을 쓰는 사람이라는 점에서는 오다도 종래의 지식인과 같다고 할 수 있다. 그렇지만 베평연 대표로서 오다는 무엇보다도 '베트남에 평화를!'을 유일한 슬로건으로 내걸고 활동하는 사람이었다. 베평연은 '보통 시민'의 자발적 의사로 연대한 조직이었다. 오다는 '대표'가 되기는 했지만 본래 '조직의 지도자'는 아니었다.

『헝가리사건과 일본』의 저자 고지마 료는 1956년부터 1957년 당시의 논단에 대해 '일본 논단 최후의 영웅시대'라는 흥미 깊은 표현을 하고 있다.

TV방송은 시작되었지만 활자미디어의 힘은 아직 컸다. "(『세계』, 『중앙공론』 같은) 종합잡지의 지적 권위는 출중한 지위를 유지하고, 주로 옛날 제국대학 출신의 지적 엘리트들로 구성된 '논단'도 빛을 잃지 않았다"고 말한다. 여기에서 발견되는 것은 전위당 모델의 지식 형태 그 자체로서 '엘리트가 대중에게 탁선(託宣)을 내리는' 구조가 있었다고도 지적하고 있다.

오다 역시 '옛날 제국대학 출신의 지적 엘리트'였다는 점은 논의의 여지가 없다. 그러한 의미에서 그도 훌륭하게(?) '논단'의 구성원이 될 자격을 갖고 있었다. 베평연 대표로 활동하기 시작하는 동시에 『전망』에도 다수 기고하고, 1970년대에 들어서면 『세계』에도 종종 등장한다. 뒤에 논의할 아사히신문사의 주간지

『아사히저널(朝日ジャーナル)』도 언론활동 무대의 하나였다.

그렇지만 오다의 언론 활동은 '보통 시민'으로서 '베트남에 평화를!'이라고 외치는 것과 같았다. 물론 베평연 운동이 확산되어 오다의 발언과 종합잡지에 기고한 논문이 주목받음과 동시에 그는 현실에서 더 이상 '보통 시민'이 아니었다(원래 '보통 시민'은 『세계』나 『전망』에 논문을 쓸 수 없다). 베평연 운동도 실제로는 그의 행동력과 아이디어, 리더십이 발휘된 면이 컸다.

그렇지만 이 시기 오다의 언론 활동에 '엘리트가 대중에게 탁선을 내리는' 구조가 없었던 것은 분명하다. 오다 마코토에게는 전후 일본 논단에서 활약해 온 사람들과는 다른 '새로움'이 있었고, 바로 그것이 사람들을 끌어당겼다.

'개(個)'에 대한 집착

오다 마코토의 이러한 '새로움'은 베트남전쟁과의 관련 방식에도 확실히 나타나고 있다. 오다는 '옛날 제국대학 출신의 엘리트'이기는 했지만, 국제정치적으로 베트남전쟁을 분석하거나 세계의 대세를 읽고 '베트남에 평화를!'하고 외쳤던 것은 아니었다. 1945년 8월 14일의 오사카공습으로 피난 다녔던 체험에서 비롯된 '난사(難死)'의 사상이 그의 핵심이었다.

오다는 무기를 들고 싸우지도 '대동아공영권' 이념에 결합시키지도 않고, 단지 공습의 화염 속을 피해 다닌 끝의 죽음을 '난사'라고 이름 붙였다. 그것은 영웅적인 죽음으로 찬미되는 '산화(散華)'의 정반대편에 있는 것으로, '난사'는 모든 추상화나 의미부여를 거부한다. 오다는 '난사'라는 개념을 기초로 하여 사물을 보는 자신의 관점과 사고방식을 '난사'의 사상이라고 불렀다("'난사'의 사상―전후민주주의 · 오늘날의 상황과 문제").

"평화를 만든다―그 원리와 행동 · 하나의 선언"(平和をつくる―その原理と行動 · ひとつの宣言, 『세계』 1966년 9월호)에서는 베트남전쟁의 사진을 보았을 때, 자신의 내부에서 '난사'의 사상이 어떻게 작용하는지에 대해 다음과 같이 지적하고 있다.

공중에서 포착된 화면 가득히 퍼지는 연기의 공습 당시 사진에서 연상되는 것은 일찍이 그 속을 필사적으로 발버둥 치며 피해 다녔던 나 자신의 모습이며, 그 속에 출현한 '지옥'의 모습이다. 나는 그것이 남의 일이 아니라고 느끼고 생각한다. 과거에 대해서만이 아니라 현재와 미래에 걸쳐 남의 일이 아니다, 즉 그 연기 속의 베트남인이 과거의 나일뿐만 아니라, 현재와 미래의 나라는 것, 또한 나를 내 주변 사람들 속에서 얼마든지 느낀다―그러한 것이 나로 하여금 베트남전쟁 반대라는 입장을 취하게 하고, 나아가 적극적인 발언, 행동을 결단케 했다.

'난사'의 사상이라고 하면 무언가 심원하게 들린다. 그렇지만 여기서 언급되고 있는 것은 요컨대 자신은 비전투원을 말려들게 하는 전쟁의 비참함을 체험을 통해 알고 있고, 따라서 전쟁을 멈춰야 한다는 것이다. 베트남전쟁을 자신의 문제로 생각하는 알기 쉬운 회로일 것이다. 오다의 말을 그대로 사용하면 "동 정자의 관점이 아니다. 나쁘게 말하면, 보다 이기적(egoistic)인, 즉 자기에 밀착한 관점"이다.

물론 오다의 논의가 여기서 끝난 것은 아니다. 피해자가 사실 은 가해자이기도 한 전쟁의 현실을 강조하여, 과거의 평화운동 이 피해자체험에 의존해 온 문제점을 지적한다. 그렇지만 거기 서도 오다는 개인으로부터의 출발을 전면에 내세운다.

'평화를 만들기' 위해서는 "국가가 스스로의 국가원리에 따 라 만들어 낸 평화조약, 평화구상(그 집대성으로 유엔이 있다)에 의지하는 것을 멈추고, 자신의 손으로, 자신의 개인원리 위에 그 러한 조약과 구상을 형성하는 것이라고 나는 생각한다"는 것이 다. 입구는 '난사'와 관련한 개인의 체험이고, 출구도 '개인원 리'이다.

이러한 '개(個)'에 대한 고집은 역시 종래의 지식인, 특히 『세 계』에 다수 기고하고 있었던 '진보적 지식인'에게는 보이지 않 는 것이었다.

베평연에서 전공투로

그후 베평연은 탈주 미군의 지원 등 다양한 활동을 전개했다. 전술한 바와 같이 1969년에는 각지에 '○○베평련'이 140개 이 상이나 존재했다. 대학에서는 기존의 학생운동에는 익숙하지 않지만, 사회적 문제의식은 강한 학생들의 받침대로서 '베평연'이 되는 경우도 많았다. 그리고 대학소란 시대에 접어들면서 각지의 대학에 전공투(全共鬪)가 생긴다.

물론 개개의 사례는 별개로 하고 '조직'으로서의 베평연과 전공투는 직접적으로 연계되어 있지 않다. 원래 베평연이나 전공투 모두 그러한 직접적인 연계가 생겨나는 '조직'이 아니었다. 그렇지만 '개'에 입각한 집단으로서 전공투는 틀림없이 베평연적인 네트워크 만들기를 이은 것이었다.

전공투라고 한 마디로 말하기는 하지만, 그렇다면 전공투란 무엇인가라는 질문에 대한 답은 그다지 간단하지 않다. '전공투의 사상'과 전공투에 대한 사상사적 고찰은 본서의 임무가 아니다. 여기서도 논단과의 관련이라는 관점에서 전공투가 등장한 대학소란 시대를 다루고자 한다.

이를 위해 대학소란 시대와 전공투에 관한 최소한의 설명이 필요할 것이다. 1966년에 대학에 들어가 그야말로 대학소란 시대에 학창시절을 보낸 필자와 같은 세대의 독자가 아닌 이상, 베트남전쟁과 마찬가지로 전공투라는 것은 전혀 와 닿지 않을 것이다.

대학소란 시대의 상징은 니혼(日本)대학과 도쿄대학에서의 분쟁이었다. 1968년 4월 국세청이 니혼대학에 20억 엔의 사용용도 불명금이 있음을 발표했다. 이것이 니혼대학 분쟁의 시작이었다. 5월에는 니혼대학 전학공투회의가 결성되었다. 도쿄대학에서는 의학부의 등록의(登錄醫) 제도에 관한 분쟁 속에 일어난 학생처분을 계기로 투쟁이 전학으로 번져, 같은 해 7월 도쿄대학 전학공투회의가 결성되었다.

니혼대학 전공투는 사용용도 불명금 발각을 계기로 그때까지의 권위주의적 학생 관리의 민주화를 요구하며 결성되었다. 도쿄대학에서는 학생의 부당처분(그 학생은 처분대상이 된 사건 현장에 없었다)이 발단이었다. 의학부 당국이 이 처분을 철회하지 않자, 의학부 학생들이 야스다(安田)강당을 점거했다. 대학 측은 기동대를 도입하여 학생을 배제하였고, 이에 항의하는 학생집회 속에서 처분철회 등 7항목의 요구를 내건 전공투가 탄생했다.

니혼대학이나 도쿄대학 모두에서 눈앞에 일어나고 있는 구체적인 문제의 해결을 투쟁 과제로 하여 전공투가 시작되었다. 멤버십이 있었던 것도 종적(縱的) 조직이 있었던 것도 아니었다. 그때까지의 학생운동은 자치회가 단위였다. 자치회는 클래스마다 대의원 선출과 위원장 선거 등 형식적으로는 민주적 절차에 의해 운영되고 있었다. 그렇지만 실질적으로는 각 당파가 좌지우지하고 있었다.

당파(sect)와의 관계라는 점에서 각각의 전공투 상황은 다양했는데, 모두 자치회에 기초를 둔 기존 운동과는 별도의 형태로 탄생한 것은 틀림없다. 넌섹트 래디컬[19]이라는 당시 자주 사용된 말이 그것을 상징한다.

전공투는 순식간에 전국 대학으로 확산되었다. 학비인상반대나 학생회관 관리운영문제 등 '입구'는 다양했지만, 학생에 의한

---

19) non-sect radical. 기성 당파나 집단에 속하지 않고 격렬한 학원투쟁을 하는 학생을 가리킨다.

스트라이크, 교사(校舍)의 바리게이트 봉쇄, 대학에 의한 기동대 도입이라는 패턴은 유사했다. 1969년에는 당시의 국공사립대학의 8할에 해당하는 165개 대학에 전공투가 생겼다.

이들은 구체적인 문제 해결을 투쟁 과제로 삼았지만, 그 구체적인 문제는 모두 '대학의 존재 양태'와 깊이 연관되는 것이었다. 따라서 전공투 투쟁은 필연적으로 '대학의 존재 양태'를 묻는 형태가 되었다. 더욱이 '개'를 기초로 한 집단이었기에 전공투 투쟁은 동시에 '대학'에서 '개'로서의 자기의 존재 양태를 묻는 것이 되었다. 그것은 결국에는 '자기부정'이라는 경지에까지 이르렀다.

『아사히저널』의 시대

대학소란의 시대가 1969년 1월 도쿄대학 야스다강당의 "낙성(落城)"을 거쳐 종식되어 간 경과는 같은 종류에 속하는 책(類書)에 맡기고 논단으로 눈을 돌리자.

그렇다 해도 사실은 대학소란과 논단은 원래 어울리지 않는 짝짓기이다. 전공투가 비판한 '대학'은 논단과 떼려야 뗄 수 없는 관계였다. 종합잡지 등에 글을 써서 논단이라는 장을 형성하고 있는 사람들의 상당 부분은 대학교수들이었기 때문에 전공투 투쟁은 기성 논단을 비판하는 것이기도 했다.

본서를 여기까지 읽어 온 독자는 여기서 기성 논단의 상징으로서 『세계』를 드는 데에 이론이 없을 것이다. 마침내 '도쿄대

학 해체'를 내세우게 된 대학소란 시
대의 기수들이 '옛날 제국대학 출신
의 엘리트'들이 활약해 온 『세계』에
서 멀어져 간 것은 당연할 것이다.

이 시기 이러한 시대의 기수들이
등장하여 전공투 투쟁에 달려들 듯
지면 전개를 한 것이 『아사히저널』
이었다. 패전 직후의 〈'종합잡지'의
시대〉에 창간되어 당대를 살아남아
'종합잡지 챔피언'이 된 『세계』는 강

「아사히저널」 창간호

화문제로부터 '60년 안보'까지 전후의 논단사를 〈『세계』의 시
대〉로 이끌었다. 『세계』가 시대의 움직임을 제대로 파악하지 못
하면서 대학소란 시대에는 『세계』를 대신하여 『아사히저널』이
다수의 독자를 얻었다. 이 짧은 시기를 〈『아사히저널』의 시대〉
라고 부를 수 있을 것이다.

1959년 3월에 창간된 『아사히저널』은 표지에 '보도 · 해설 ·
평론'을 강조한 수수한 주간지였다. 그러던 것이 1960년대 후반
에는 약 27만 부의 부수를 획득하게 되었으며, '오른손에 『아사
히저널』, 왼손에 『소년 매거진(少年マガジン)』'을 지녀야 멋있는
대학생이라는 인식까지 생겨났다. 이 표현의 유래는 모르겠지
만, 당시 학생이었던 사람으로서 이 말이 사용되고 있었다는 점
은 확실히 증언할 수 있다. 『소년 매거진』은 강담사에서 간행된
만화주간지로, 연재되고 있었던 「내일의 조(あしたのジョー)」가

인기였다. 다카모리 아사오〔高森朝雄, 필명은 가지와라 잇키(梶原
一騎)이다〕의 원작에 지바 데쓰야(ちばてつや)가 그림을 그린 이
복싱만화는 1968년 1월 1일호부터 1973년 5월 13일호까지 계속
되었다.

전공투에 밀착해서

도쿄대학 전공투 의장은 야마모토 요시타카(山本義隆)였다. 당
시에 대학원 박사과정에 재학하여 소립자론 연구자로서 장래를
촉망받고 있었다. 그는 보통의 조직 대표자와 상당히 다르다.

도쿄대학 전공투에는 정식 의결기관은 없었지만 각 수업이나
과마다 구성돼 있던 투쟁위원회 대표가 모이는 대표자회의가
있었다. 고사카 슈헤이(小阪修平)는 "그 회의에는 당파의 대표자
도 참석하고 있어서 꽤 느슨했다. 회의 사회를 보던 야마모토
요시타카가 어느새 대표가 되어 세상에서는 도쿄대학 전공투
의장이라고 습관처럼 불리게 되었다"고 기술하고 있다〔『사상으
로서의 전공투세대(思想としての全共鬪世代)』〕.

야마모토는 『아사히저널』에 몇 번인가 등장하였는데, 야스다
강당 봉쇄가 해제된 후 몇 가지 용의로 지명수배된다. 『아사히
저널』에 최초로 그의 논고가 게재된 것은 1969년 3월 2일호의
"공격적 지성의 복권—한 연구자로서의 발언(攻擊的知性の復
權——研究者としての發言)"이었다. 모두에서 야마모토는 다음과
같이 기술하고 있다.

도쿄대학 투쟁은 이제부터라는 실감이 점점 깊어져 가는데, 여러 죄명으로 공안에게 쫓겨 최전선에 나서지 못하는 데 대해 분노를 느낀다. 시내마다 이토록 사복의 눈이 빛나는 것을 지금까지 깨닫지 못했다.

6월 29일호와 7월 6일호에는 야마모토와 다키자와 가쓰미(瀧澤克己)의 왕복서간이 실렸다. 다키자와는 카를 바르트[20] 연구자로 알려진 규슈대학 교수였다. 야마모토는 다키자와의 저서를 애독하고 있었다고 한다. 다키자와는 '절대불복종'의 입장에서 규슈대학 투쟁에서 단식농성에 들어갈 것을 표명하고 있었다.

야마모토는 이후 9월 5일 도쿄 히비야 야외음악당에서 열린 전국전공투연합 결성대회(야마모토는 의장으로서 기조보고를 하기로 되어 있었다)에 참석하기 직전에 체포되었다. 『아사히저널』 9월 28일호에는 다시 "학원반란에서 70년으로(學園の反亂から七〇年へ)"라는 제목의 야마모토의 장문이 게재되었다.

즉 『아사히저널』은 도피 중인 야마모토와 접촉하여 그의 논문이나 서간을 지면에 게재한 것이다. 편집부에 의하면, "학원반란에서 70년으로"는 학생운동의 프로파간다영화 『지하로부터의 어필 야마모토 요시타카(地下からのアピール 山本義隆)』를 위해 "야마모토 군이 잠복 중에 취입한 내레이션 테이프를 편집부가 입수하여 문서화한 것"이라고 한다.

---

20) Karl Barth, 1886~1968. 스위스의 신학자.

『아사히저널』의 당시 "분위기"를 전하기 위해 "학원반란에서 70년으로"가 게재된 9월 28일호의 '전문(前文)'을 인용하고자 한다.

9월 5일 결성된 전국전공투연합에 대한 평가는 다양하다. … 그것은 이 새로운 '조직'이 몇 가지 내부 모순을 안고 있으나 역시 그 결성에 필연성이 있었기 때문일 것이다. 그리고 이 새로운 '조직'이 이미 고비에 접어든 70년대 안보투쟁의 가장 첨예한 담당자가 될 것이 자명한 지금, 우리는 이 조직에 대해 더욱 심도 있는 이해가 필요하다. … 따라서 편집부는 전 호에 이어서 전국전공투를 다룬다. 전 호의 '평론'과는 거꾸로 전공투의 두 대표, 즉 야마모토 요시타카 군과 아키타 아케히로(秋田明大) 군의 발언을 정리한 소재 제공의 형태로.

위에 기술되었듯이 야마모토의 논문 이외에 구라타 레이지로(倉田令二朗, 규슈대학 조교수)의 "아키타 아케히로 군에 대해(秋田明大君のこと)"라는 문장도 실려 있다.

'전 호에 이어서'라고 한 것처럼 전 호(9월 21일호)는 평론가 나카지마 마코토(中島誠) 등이 집필한 "전국전공투의 허상과 실상(全國全共鬪の虛像と實像)"이라는 제목의 대특집이다. '허상과 실상'이라는 일견 객관적인 제목을 달고 있지만, 전국전공투연합 결성을 "1968, 1969년의 학원투쟁이 다양한 가능성, 모순을 내포하면서 진행되어 온 하나의 도달점"(전문)이라고 높이 평가하고 있다.

지금 당시의 『아사히저널』을 통독하면 다소 이상한 느낌이
든다. 한 마디로 말하면 전공투에 빠져들어 전공투에 밀착한 지
면을 뛰어나게 전개하고 있다.

'조반교관'들

전공투운동의 큰 특징은 전공투의 문제제기에 공감한 대학교
수들이 출현한 것이다. 그들은 '조반(造反)교관', '조반교사'라
불렸다. 이들은 전공투에 밀착한 지면을 만들고 있던 『아사히저
널』에 당연히 자주 등장하게 되었다.

1969년 6월 15일호는 '조반교사' 특집이다. 5월 29일에 열린
"대학을 고발한다 · 전국대학교원보고집회(大學を告發する · 全
國大學敎員報告集會)"를 수용한 것으로 편집부에 의한 "머리
말—직업과 학문을 '건' 사람들(はじめに―職と學問を"賭けた"人
たち)" 뒤에, 사이슈 사토루(最首悟)의 "자기부정 뒤에 오는 것
(自己否定のあとに來るもの)", 나카오카 데쓰로(中岡哲郎)의 "지식
인 조직(知識人の組織)", 니지마 아쓰요시(新島淳良)의 "5 · 29에
참가하여(5 · 29に參加して)"가 실렸다. 이 가운데 사이슈 논문은
6쪽에 걸친 '장편'이다.

사이슈는 당시 도쿄대학 교양학부 생물학 교실 조수로서 도
쿄대학 조수 공투회의의 리더였다. 그는 이미 1969년 1월 29일
호에 "옥쇄하는 광인이라 불려도—자신을 응시하는 넌섹트 래

디컬의 입장(玉砕する狂人といわれようと―自己を見つめるノンセクト・ラジカルの立場)"을 기고했다. 기동대 도입을 통한 야스다강당의 봉쇄해제 직전에 기고한 글로서, 사이슈는 전공투운동이 이에 관계된 사람들에게 제기한 문제들에 대해 다음과 같이 기술하고 있다.

'도쿄대학 학생이란 무엇을 의미하는가', '대학원과 조수에게 연구자란 무엇을 의미하는가', '청년의사연합에게 의사가 된다는 것은 무엇을 의미하는가.'

이는 지극히 윤리적인 문제제기로, 주된 키워드는 '의미'였다. '조반교관'이라고 불린 사람들 가운데 '의미'에 입각하여 대학은 '지성의 부(府)'여야 한다는 관점에서 도쿄대학의 '지적 퇴폐'를 예리하게 공격한 것은 오리하라 히로시(折原浩)이다. 그는 도쿄대학 교양학부 조교수인 사회학자로 당시 33세의 신진 막스 베버(Max Weber) 연구자였다.

오리하라 역시 『아사히저널』에 "수업재개 거부의 윤리와 논리"(授業再開拒否の倫理と論理, 1969년 6월 1일호), "도쿄대학 문학부 문제의 진상―왜 기동대 도입에 항의했는가"(東大文學部問題の眞相―なぜ機動隊導入に抗議したのか, 1969년 10월 26일호) 등을 기고하였다. 후자에서는 문학부의 학생처분에 대해 대학 내의 교원과 학생의 차별구조를 명확히 하고, 스스로의 직업적 영위의 사회적 의미를 물으려 하지 않는 문학부 교원의 지적 퇴폐를 지적하였다.

그는 또한 『아사히저널』 1969년 3월 30일호의 '독자로부터'의 페이지에 "후쿠다 간이치 교수의 논문을 읽고(福田歡一教授の論文を讀んで)"라는 장문의 "투고"도 싣고 있다. 『세계』 4월호에 게재된 후쿠다의 "도쿄대학 분쟁과 대학문제(東京大學紛爭と大學問題)"에 대한 반론으로, '후쿠다 교수의 지적 퇴폐', '후쿠다 교수의 인간적 퇴폐'라는 표제어도 들어 있어서, 실질적으로는 논문 한 편 정도의 분량이었다. "본래 『세계』에 투고해야 할 것이었으나, 간행까지 1개월이나 남았기 때문에 본지의 지면을 빌리기로 했다"고 한다. 덧붙이자면 오리하라의 글은 이 전후를 포함해서 『세계』에는 한 번도 게재되지 않았다.

오리하라는 도쿄대학 분쟁의 여러 국면에서 자신의 생각을 소책자 등으로 공표했다. 이것들은 『중앙공론』 1969년 4월호에 "도쿄대학의 퇴폐의 늪에서— '전문적 경영'과 인간의 문제(東京大學の頹廢の淵にて—「專門的經營」と人間の問題)"를 기고했을 때 '자료'로 수록되었다. 다음은 1968년 8월 21일에 낸 "도쿄대학의 죽음과 재생을 요구하며—'최종방침고시' 비판(東京大學の死と再生を求めて—「最終方針告示」批判)"의 한 구절이다.

일찍이 '무책임체제'를 예리하게 분석하시고 '부작위의 작위'에 대해 말씀하셨던, 내가 가장 존경하는 교수님께서 지금에 이르러서도 여전히 침묵을 지키고 계시는 것은 도쿄대학의 퇴폐를 비통하게 상징하고 있다.

이름은 밝히지 않았지만, 마루야마 마사오에 대한 비판인 것은 분명했다. 오리하라는 이 소책자의 반 년 정도 후에 쓴 논문에서는 명확히 마루야마 마사오의 이름을 들어 비판하고 있다. 교수의 감금에 대해서는 인권 문제로서 민감하게 다루었던 교수들이 감금된 학생들에 대해서는 전혀 반응이 없던 것을 지적하고 "특히 마루야마 마사오 교수의 생각을 듣고 싶다"며 다음과 같이 쓰고 있다.

　　교수의 언동은 교수의 인권사상이 '교수'라는 존재의 이해 상황에 구속된 극히 특별한 것이었을 뿐임을 증명하고 있고, 따라서 그것은 교수가 전후에 주창하신 '이해 상황으로부터의 개인의 자립과 그 보편성'이라는 교수의 중심 사상이 다름 아닌 교수 자신에게서의 파산이라고 간주하지 않을 수 없기 때문이다.

　　도쿄대학분쟁 과정에서 마루야마는 학생들에 의해 세 차례 규탄의 자리에 서게 된다. 연구실을 점거당한 마루야마가 "나치도 파시즘도 하지 않았던 폭거"라고 말했다는 일화도 잘 알려져 있다. '60년 안보' 이후 논단의 장에서 발언하는 일이 없었다고는 해도 마루야마는 여전히 전후 진보파의 상징적 존재였다. 그런 그가 규탄의 대상이었다는 점에서 전후사상사에서 전공투운동이 갖는 위상을 이해할 수 있다.

『현대의 눈』과 하니 고로

『아사히저널』은 아사히신문사에서 간행하고 있었다는 점에서도 메이저 잡지였는데, 이 시기에 사회적 관심을 가진 학생들에게 널리 읽힌 월간지로 『현대의 눈』(現代の眼, 현대평론사)을 들 수 있다. 1954년 12월에 창간되어 당초에는 비교적 수수한 편집이었는데, 1960년대 종반부터 전공투, 신좌익계의 필자들이 늘어나면서 대학분쟁을 적극적으로 다루게 되었다.

예컨대 1969년 1월호 특집은 단도직입적으로 '대학은 봉기하다(大學は蜂起する)'이다. 하니 고로가 "표현의 자유로서의 대학문제(表現の自由としての大學問題)"를 기고하고 있다. 하니 고로는 이미 몇 차례나 본서에 등장한 바 있으며 전전(戰前) 이래로 오랜 연구 경력을 가진 강좌파 마르크스주의 역사학자이다. 1901년생이므로 당시에는 70세에 가까웠다. 1968년 12월에 간행된 그의 『도시의 논리(都市の論理)』가 베스트셀러가 되면서 일약 '인기인'이 되기도 했다.

『도시의 논리』는 유럽 도시와 대학 자치 역사를 돌아보고 현대 상황에 적용하여 '투쟁의 논리'를 도출한 책으로서, 그 코뮌(commune)적 사상에 전공투 학생을 비롯한 학생들이 공명했을 것이다.

"표현의 자유와 점거의 논리"(表現の自由と占據の論理, 1969년 4월호)를 제외하면 대부분은 대담이나 좌담회이지만, 하니는 『현대의 눈』에 실로 많이 등장하고 있다.

시대와 동떨어져 버린 『세계』

이 시기에 『세계』는 어떠한 지면을 만들고 있었을까. 『세계』역시 대학소란 자체에는 예민하게 반응하고 있었다. 스튜던트 파워(student power)라는 말이 생겨난 것처럼 당시 기성질서에 대한 학생들의 이의제기가 일본에서만 일어난 것은 아니었다. 『세계』는 그답게 마르쿠제(Herbert Marcuse)의 "유토피아의 종언"(ユートピアの終焉, 1968년 8월호)과 사르트르(Jean Paul Sartre)의 "5월혁명의 사상"(五月革命の思想, 1968년 9월호)을 번역, 게재하는 등 이른 시기부터 이러한 세계적 동향을 두루 살피고 있었다.

도쿄대학분쟁에 관해서도 1968년 9월호에 니시무라 히데오(西村秀夫, 당시 도쿄대학 교양학부 학생부 조교수)의 "도쿄대학분쟁(東大紛争)"이 실렸다. 니시무라는 관리적 발상을 배제하고 학생의 문제제기에 답해야 한다고 지적하면서 '학문적 진실과 인간의 권위 존중'이라는 대학이념의 재확인을 호소했다.

1969년 1월호는 '도쿄대학문제의 핵심(東大問題の核心)' 특집이었다. 호리고메 요조(堀米庸三)의 "수습이 아닌 해결을(收拾ではなく解決を)"은 '근대성의 기본'인 '양보할 수 없는 입장을 서로 인정하고, 여기에서 출발한다는 태도'가 중요하다고 주장한다.

야스다강당 봉쇄가 해제된 후의 3월호, 4월호에서도 『세계』는 도쿄대학분쟁에 대해 큰 특집을 꾸몄다. 3월호의 권두는 오우치 효에의 "도쿄대학을 망하게 하면 안 된다(東京大學を滅ぼしてはならない)"이다. 오우치는 야스다강당에서 학생들이 쫓겨난

것을 알았을 때의 감상을 "이로써 입학시험도 치를 수 있고 도쿄대학은 망하지 않는다고 생각했다. 일본의 학문은 이로써 살았다고 생각했다"고 기술하고 있다.

본서에도 몇 차례나 등장한 요시노 겐자부로는 이미 편집장을 그만두었지만, 이 호에 "야마모토 군에게 하고 싶었던 말(山本君に言いたかったこと)"을 기고하고 있다. '야마모토 군'은 도쿄대학 전공투의장 야마모토 요시타카이다. 요시노는 딸의 가정교사였던 야마모토와 친했다고 한다. 야마모토가 "오늘날의 자본주의 체제와 그 권력과의 대결에 다가선 성실함을 귀중한 것, 고마운 것이라고까지 생각한다"고 하면서도 권력을 상대로 한 정치투쟁에는 주도면밀한 프로그램이 필요하다고 '나이 많은 친구'로서 조언하고 있다.

이 밖에도 『세계』에는 도쿄대학분쟁에 대한 다수의 논문과 관련 자료가 실렸다. 그렇지만, 오우치 효에의 발언이 우연히도 밝히고 있듯이, 일찍이 시대의 전선에 있었던 이 잡지는 이미 시대의 움직임에서 크게 벗어나 버렸다. 3월호, 4월호 대특집 제목은 '시련에 선 대학자치(試鍊に立つ大學の自治)'이다. 물론 '시련'에 서 있던 것은 '대학자치'가 아니라 '대학' 그 자체였다.

당시 일찍이 『세계』의 주요 독자였던 대학생들이 『세계』에서 멀어진 데는 충분한 이유가 있었던 것으로 보인다. 거기에는 그들에게 지금 절실한 문제를 정면으로 논한 논문은 보이지 않고, 변함없이 '훌륭한 선생'들의 고루한 문장이 실리고 있었다.

서브컬처노선의 좌절

전공투에 밀착한 '조반교관'에게도 강한 인상을 준 『아사히저널』에는 앞에서 인용한 것처럼 "이 새로운 '조직'이 이미 고비에 접어든 70년 안보투쟁의 가장 첨예한 담당자가 될 것이 분명한 지금 …"과 같이 강한 어조의 편집부 기사도 있었다. 그렇지만, '70년 안보'는 『아사히저널』의 기대는 아랑곳없이 '60년 안보' 때와 같은 국민적 운동이 일어나지 않은 채 지나갔다. 전공투는 마치 전국전공투연합의 결성이 그 종언의식이었던 것처럼 각 당파의 세력다툼의 장이 되어 사라져 갔다.

〈『아사히저널』의 시대〉는 〈『세계』의 시대〉보다 짧았다. 『아사히저널』은 이 시기를 절정으로 점차 부수를 줄여 나가면서 서브컬처노선 등으로 만회를 도모했으나, 하락세를 면하지 못하고 1992년 5월 29일호를 마지막으로 휴간되었다.

종장
'포스트 전후'의 시대
―논단의 행방

두 가지의 '전후'

1945년부터 계산하면 2007년은 62년째로, '전후'는 62년이라는 것이 된다.

'전후=전쟁 후'라고 할 때의 '전쟁'은 말할 필요도 없이 중일전쟁·태평양전쟁이다. 그것이 초래한 다양한 일들은 지금도 일본을 규정하고 있다. 그러한 의미에서는 '전후'라는 역사 파악의 유효성은 사라지지 않았다. 그렇다 해도 62년이라는 세월을 '전후'라는 말로 일괄적으로 묶는 것은 어려운 일이다.

제5장에서 오구마 에이지가 『〈민주〉와 〈애국〉』에서 사용한 '제1의 전후'라는 말을 다루었다. 그에 따르면 고도성장 이전이

'제1의 전후'이고, 그 이후가 '제2의 전후'이다. 오구마는 두 '전후' 사이에 '일본의 내셔널 아이덴티티와 관련된 논의에 어떤 질적 변화가 있었던 것은 아닐까 하는 가설'을 토대로 이 책을 집필했다.

'제1의 전후'에서는 일본이 아시아의 '후진국'으로, '제2의 전후'에서는 서양 정도의 '선진국'으로 각각 일컬어졌다. '근대화'는 '제1의 전후'에서는 달성해야 할 꿈이었으며, '제2의 전후'에서는 혐오해야 할 기성질서가 되었다. 질서의 안정성이라는 점에서도 두 '전후' 사이에는 큰 차이가 있었다. '제1의 전후'에서는 기성질서가 파괴되고 장래를 예측할 수 없었던 반면, '제2의 전후'에서는 경제적 풍요로움을 달성하고 사회는 급속히 안정을 되찾아 갔다.

오구마는 이러한 점들을 지적하고 두 '전후'에서는 "같은 말이 다른 울림을 갖고 있었다"고 말한다. 예컨대 그는 '국가'라는 말에 관하여 다음과 같이 기술하고 있다.

'제1의 전후'란 질서가 안정되어 있지 않고, '현실을 바꿀 수 있다'는 말이 실감나던 시대였다. 그렇다면 이 시대에 질서의 한 형태인 '국가'라는 말은 어떻게 울리고 있었을까? '국가'가 인간을 파괴하는 소여의 체제로서가 아니라 변혁이 가능한 '현실'의 일부로 언급된 측면이 부분적으로나마 있었던 것이 아닐까.

논단은 말이 언급되는 장이다. 이러한 면에서 본서는 '국가'

라는 말이 언급되는 방식을 포함하여 오구마가 말하는 두 '전후'간의 차이를 일부분이기는 하지만 드러냈을 터이다.

그러나 재차 강조하지만, '전후'는 이미 62년째로, 본서의 기술은 8장에서야 겨우 1970년에 도달했다. 아직 '전후'의 절반에도 도달하지 못한 셈이다. 이후로는 오구마의 〈두 '전후'론〉에서 시사를 얻으면서 『논단의 전후사』를 일단 여기서 마무리하는 '근거'를 말하고자 한다.

'포스트 전후'라는 관점

고도성장이 시대를 나누는 분기점이었다는 데는 이론의 여지가 없다. 그러나 논단이라는 관점에서 생각할 때, 고도성장기를 포함한 시기를 크게 '전후'라고 포착하고 그후의 시대를 '포스트 전후'라고 파악할 수 있을 것이다.

1945년부터 1955년까지 오구마가 말하는 '제1의 전후' 기간의 전기에 논단은 패전 후의 '새로운 일본'을 어떠한 국가로 만들 것인가, 즉 네이션 빌딩에 관해 활발히 논했다. 비무장·중립의 국가 모델을 주장하는 언설이 많은 지지를 얻었고, 여기에는 많든 적든 사회주의의 밝은 미래상이 공유되어 있었다.

1951년에 샌프란시스코강화조약과 미일안보조약이 체결되어 '새로운 일본'의 형태에 일단 하나의 결론이 도출되었다. 그러나 이는 이른바 잠정적 결론이기도 하였는데, 미일안보조약 개정을 둘러싸고 대중운동이 고조된 '60년 안보'를 거치면서 그

잠정성이 제거되었다.

대중사회화가 급속히 진행되고 냉전구조가 나름대로 안정되어 계속되는 가운데 일본은 고도성장 시대를 질주했다. '60년 안보' 전후부터 고도성장이 막바지에 다다른 1970년경까지는 일본이 '전후'에서 '포스트 전후'로 변화해 간 긴 전환기로 볼 수 있다.

네이션 빌딩 자체와 관련한 '큰 문제'는 소멸했고, '60년 안보' 전에 이미 '논단의 영웅시대'도 끝났다. 지적 엘리트가 대중에게 가르침을 내리는 듯한 논단 구조는 대중사회의 진전으로 붕괴되었다. 이로 인해 지적 엘리트들조차 자신들이 서 있을 만한 곳을 찾기 어렵게 되었다.

예컨대 '전후' 논단의 대표적인 지적 엘리트라고 할 수 있는 마루야마 마사오는 1958년 9월에 개최된 좌담회에서 자신의 '정신적 슬럼프'에 대해 말하고 있다〔"전쟁과 동시대·전후 정신에 부과된 것(戰爭と同時代·戰後の精神に課せられたもの)", 『동시대(同時代)』 제8호, 『마루야마 마사오 좌담(丸山眞男座談)』 제2권〕.

··· 나의 정신사는 방법적으로는 마르크스주의와의 격투의 역사이고, 대상적으로는 천황제 정신구조와의 격투였으며, 그것이 학문을 가능케 한 내면적 에너지였던 것으로 생각합니다. 그런데 현재에는 이 두 가지가 무언가 풍화되어 예전만큼의 보람을 느낄 수 없습니다. ··· 대결하던 상대가 적어도 내 시야 속에서는 흐물흐물해졌기 때문에 나도 무언가 맥이 풀려 기운이 빠졌습니다.

마르크스주의와의 방법적 격투는 차치하고, '천황제 정신구조와의 격투'가 중요하다. 여기서 언급되고 있는 것은 다음 해 마쓰시타 게이이치가 '대중천황제'에서 명백히 한 것과 직접적인 연관이 있다. 전전형의 천황제를 대신해서 정착한 대중사회 하의 대중천황제는 마루야마의 '적'이 아니었다. 아니, 적어도 '적'으로 삼기 어려운 대상이었다.

마루야마를 포함해서 패전 후, '새로운 일본'을 언급했던 언설은 "주의하지 않으면 전전형의 천황제가 부활하여 '낡은 일본'으로 되돌아가 버린다"는 부분을 포함하고 있었다. 그러나 이미 그러한 천황제가 부활하지 않을 것이라는 점이 보이게 되었다. 즉, "대결하고 있던 상대가 … 흐물흐물해졌다."

긴 전환기 이후

긴 전환기의 마지막에 일어난 '대학소란'은 그야말로 전환기에 적합한 사건이었을 것이다. 전전기는 물론 오구마가 말하는 '제1의 전후'에도 대학 진학자는 동시대의 소수파로, '지적 엘리트' 예비군이었다고 할 수 있다.

'대학소란' 시대, 전공투를 비롯해서 기성 질서에 반항한 다수의 학생은 전후 베이비붐 때 태어난 단카이(團塊) 세대였다. 이 시기에 대학진학률이 급상승하지는 않았지만, 대학생 인구는 눈에 띄게 늘어갔다. 신규 취업자의 학력별 비율의 추이를 보면, 1956~1960년의 평균은 중졸이 62.4%, 고졸이 30.4%, 대졸·전문대졸이 7.2%였다. 이것이 1970년에는 중졸이 23%, 고졸이 56.3%, 대졸·전문대졸이 20.7%로 변했다.

이들 데이터를 인용해서 교육사회학자 다케우치 요(竹內洋)는 대중단체교섭으로 교수를 규탄하고 몰아낸 학생들의 심정을 추측하고 있다. 그들은 "우리는 학력 엘리트문화 등과 무관한 그저 그런 샐러리맨이 되는데, 대학교수들이여, 당신들은 강단에서 태평스럽게 특권적인 언설을 내리고 있다"고 말하고 싶었던 것은 아닐까 하는 것이다(『마루야마 마사오 시대(丸山眞男の時代)』).

도쿄대학 조수나 대학원생의 경우는 별도로 하고, 전국의 많은 대학에서 전공투 또는 전공투적인 것에 이끌린 학생들은 '학력 엘리트'와 '대졸 그레이컬러'[21] 내지 '그저 그런 샐러리맨' 사이의 전환기에 있었다.

그런데 긴 전환기가 끝나고 '포스트 전후'의 시대가 시작되었다. 물론 큰 논의를 일으킨 사건이 없었던 것은 아니다.

이것도 전환기의 끝 시기와 겹치지만 중국에서 문화대혁명의 폭풍우가 거칠게 불어대 일본의 논단에서도 거기에 소련형 사회주의를 대신하는 '새로운 꿈'을 본 사람들이 있었다.

1970년대에는 오키나와가 반환되고 나리타(成田)공항 건설을 둘러싸고 '대학소란'의 시대를 질질 끄는 격렬한 투쟁이 일어났

---

21) 일본의 신조어로 gray color, 즉 전자계산기나 오토메이션 장치 등 기술적인 일에 종사하는 근로자를 가리킨다.

다. 연합적군이 린치살인사건이라는 무참한 결말을 남기고 사라졌다. 중일의 국교가 정상화되고, 그 주역이었던 다나카 가쿠에이(田中角榮)가 금맥사건으로 사임위기에 처했고 록키드사건으로 체포되었다.

1980년대에는 '쇼와'가 종언하고 베를린장벽이 무너졌다. 1990년대에는 동서독이 통일되고 소련이 붕괴되었으며 세계는 냉전이라는 틀에서 벗어났다. 일본에서도 호소카와(細川護熙) 정권이 탄생하여 정치는 격렬히 유동적으로 변해 갔다.

탈냉전 시대, 미국의 일극지배체제가 시작되었고 걸프 전쟁이 발발했으며, 9·11테러가 일어나고 아프가니스탄전쟁, 이라크전쟁 등 전화(戰火)가 계속되었다.

'미일동맹' 아래 일본은 마침내 자위대의 해외파견에까지 이르렀다. 헌법 제9조는 당연히 새로운 쟁점 속에 있다. 핵을 만지작거리는 북한과의 사이에는 납치문제라는 미해결 사건이 있다.

이와 같이 큰 사건을 몇 개 꼽아만 봐도 진부한 표현이지만 세계의 격동은 계속되고 있다. 그렇지만 논단이라는 관점에서 보았을 때 예컨대 어떠한 논자가 어떠한 논문을 썼는지는 쉽사리 떠오르지 않는다.

논단의 행방

'회한공동체', 그것도 지식인만이 아니라 광범위한 사람들에게도 공유되어 있던 심정이 본서의 출발점이었다. 거기서는 '새로운 일본'의 존재양태를 물었다. 그 물음에 관해 '전후' 사회에 특유한 형태로 지식인과 사회적 관심을 가진 사람들 간의 교류의 장이 형성되었다. 그것이 '전후' 논단이라는 것으로, 본서는 이를 조명해 보았다. '전후' 논단은 '전후'라는 특이한 시간이 만들어 낸 것이었다. 그런 의미에서 〈『세계』의 시대〉는 물론 〈『아사히저널』의 시대〉도 먼 옛날이야기에 지나지 않는다.

그렇지만 '전후'가 만든 국가가 다양한 면에서 심각한 제도피로(制度疲勞)를 일으키고 있는 것도 사실이다. 고도성장을 거쳐 '경제대국'이 된 일본이 국제사회에서 중요한 역할을 다해야 한다는 것도 확실하다. '전후'의 일본이 직면한 새로운 네이션 빌딩과 관련한 문제와는 질이 다르지만, 여기에도 몇 가지 '큰 문제'가 있다. 더욱이 이것인가 저것인가의 단순한 '해답'이 없는 문제들뿐이다.

'전후'의 종언과 더불어 '전후' 논단이 소멸한 것은 당연했다. 대중사회 나아가 고도대중사회 또는 고도정보사회라고도 불리는 시대에 '활자'는 예전의 특권적 지위를 상실하게 되었다.

그러나 거듭 이야기하지만, 논의가 필요한 '문제'들은 여전히 많다. 지금 어떠한 논의를 어떠한 형태로 해나가야 결실을 얻을 수 있을까. '전후' 논단의 경험을 되돌아보는 것은 우리가 걸어온 길을 재점검하는 것 이외에 향후 논단의 당위적 형태를 생각하기 위해서도 헛된 일은 아닐 터이다.

보장

전후 '보수계 · 우파계 잡지'의 계보와 현재

* 보장의 글은 『논좌(論座)』(아사히신문사, 2006년 3월호)에 같은 제목으로 기고한 바 있다. 본문에서 다룰 기회가 없었던 '전후' 논단의 측면을 대상으로 현재의 논단 상황 역시 어느 정도 언급하고 있다는 점에서 본문을 보완하는 의미가 있으므로 조금 줄여서 여기에 수록한다. '잡지'에 게재했던 글이라는 점에서 본문과 톤이 조금 다르고, 본문과 중복되는 내용도 있다. 이 점 양해 바란다.

『세계』에 게재되지 않을 것 같은 언론이 게재되는 잡지

전후 일본의 논단을 이끌었던 것은 잡지 『세계』(암파서점)였다. 1945년 말(다음 해 1월호)에 창간된 이 잡지는 강화문제, 평화문제 등과 적극적으로 맞물어 '전후민주주의'적 언설의 무대가 되었고, '진보적 지식인'이라고 불린 사람들이 다수 활약했다. 본고의 대상인 '보수계·우파계 잡지'에 대해 전후의 어느 시기까지라면 〈『세계』에 게재되지 않을 것 같은 언론이 게재되는 잡지〉라고 이해하면 손쉬울지도 모른다.

그러나 사실은 전후의 '보수계·우파계 잡지'의 루트 중 하나는 다름 아닌 『세계』에 있다. 그렇게 말하면 다소 기이하게 들릴까.

『세계』 창간에는 동심회라는 문화인 그룹이 깊이 관련되어 있었다. 동심회는 패전을 전후한 시기, 암파서점의 이와나미 시게오의 인맥을 중심으로 아베 요시시게, 와쓰지 데쓰로, 다니카와 데쓰조, 시가 나오야, 무샤노코지 사네아쓰, 야마모토 유조, 나가요 요시로, 다나카 고타로, 이시바시 단잔, 고이즈미 신조, 스즈키 다이세쓰, 야나기 무네요시(柳宗悅) 등에 의해 결성되었다.

동심회의 구성원들은 패전 직후, 새로운 상황에 대응하는 종합잡지를 발간하기 위해 이와나미와 상의했으며, 그 결과 『세계』 창간으로 이어졌다. 하지만 이와나미 시게오는 동심회 멤버들을 『세계』를 뒷받침하는 강력한 집필진이라고 여기면서도, 『세계』를 동심회의 '회지(會誌)'로 만들 생각은 없었다. 이윽고 동심회와 이와나미 측의 불일치가 뚜렷해지자, 동심회는 『세계』를 떠나 1948년 7월 『심(心)』을 창간한다. 동심회는 그후 동인을 넓혀 생성회(生成會)라고 이름을 바꾼다. 『심』 1949년 신년호에는 '생성회 심 편집동인(生成會心編輯同人)'으로 50명의 이름을 밝히고 있다. 여기에는 구 동심회 이래의 와쓰지, 다나카, 나가요, 무샤노코지, 스즈키, 고이즈미 등에 더해 쓰다 소키치, 야나기타 구니오(柳田國男) 등의 이름이 포함되어 있다.

『심』은 평범사(平凡社)에서 발행되었으며 1981년 8월, 제34권 7월·8월 합병호를 마지막으로 종간했다. '60년 안보' 때에는 "안보개정에 관해"(安保改訂をめぐって, 1960년 5월호), "일본의 민주주의"(日本に於ける民主主義, 1960년 10월호) 같은 좌담회를 주로 편성하였지만, '논단'과 관련한 개별적인 기고도 적지 않았다. 다만 작가나 화가의 동인이 많았기 때문에 이 잡지를 단순히 '논단지'라고 부를 수는 없을 것이다(상당히 고답적인 '문화지'라고나 할까).

그러나 『심』 창간과 연계되었던 동심회와 『세계』와의 '결별'은 전후 논단사의 좌표축을 생각할 때 시사적이다.

동심회 멤버는 모두 당시 각자의 세계에서 '대표 인사'들이었다. 오우치 효에는 예외이나, 그들은 '자유주의' 입장에 서서 전후의 지적 세계에서 강력한 힘을 발휘하고 있던 마르크스주의에 대한 강한 위화감을 공유하고 있었다. '올드 리버럴리스트'라는 호칭은 이러한 이력과 사상적 입장에서 태어났다.

올드 리버럴리스트의 받침대

올드 리버럴리스트와 『세계』와의 '결별'을 둘러싼 일화로서 유명한 '쓰다 논문'사건을 서술해 둔다.

쓰다 소키치는 암파서점에서 간행한 『신대사 연구(神代史の研究)』 등 3권이 황실의 존엄을 해쳤다는 이유로 1940년 이와나미 시게오와 함께 출판법위반으로 유죄를 선고받았다(후에 면소). 요시노 겐자부로는 『세계』 창간이 결정됨과 동시에 쓰다에게 기고를 의뢰했다. 쓰다 논문의 전반부는 "일본 역사연구의 과학적 태도"(1946년 3월호), 후반부는 "건국 사정과 만세일계의 사상"(1946년 4월호)으로 『세계』에 실렸다. 문제가 된 것은 후자였다. 쓰다는 '우리들의 천황'에 대한 뜨거운 친애의 정을 토로하여 천황제 보호 · 유지론을 전개했다.

『세계』 편집부원들 사이에서조차 '게재 중지'를 요구하는 목소리가 나왔고, 결국 요시노가 쓰다 논문 게재호에 논문 게재까지의 경과를 서술한 장문을 발표하는 이례적인 사건으로 확대되었다.

이는 전후 초기의 '혁신적 분위기'를 오늘날에 전하는 삽화일 것이다. 동시에 '전후민주주의'적 언론이 무엇을 배제함으로써 성립했는지를 가르쳐 주는 사건이기도 하다. '배제한 것'은 한 마디로 말하면, '반(反)마르크스주의 내지 비(非)마르크스주의적인 것'이라고 할 수 있을 것이다. 사상 · 이론의 영역에 더해 현실정치에서 그것은 사회주의 세력(국내적으로는 일본공산당,

사회당, 국제적으로는 소련, 중국, 기타 사회주의 제국)에 대한 '반(反) 내지 비(非)'였다.

쓰다는 동심회 창립 멤버는 아니었지만, 후에 생성회에 가입하여 『심』에 정력적으로 기고하고 있다. "'건국기념일'을 설립하고 싶다"(1949년 7월호)처럼 마르크스주의 역사학자가 눈을 부릅뜨고 분노할 것 같은 문장 등 1958년까지 그 수는 실로 21편에 이른다. 쓰다의 독자적인 문화사학의 입장은 '마르크스주의'적 역사관과 양립하지 않았다. 쓰다는 요시노의 주선으로 결성된 평화문제담화회에 당초 참가하기는 했지만, 머지않아 탈퇴했다. 고이즈미 신조, 스즈키 다이세쓰, 다나카 미치타로, 다나카 고타로 등도 마찬가지이다.

이러한 올드 리버럴리스트 언론의 한 받침대가 『심』이었다. '논단'적 테마에서는 동심회 창립 멤버인 고이즈미 신조가 활약했다. 고이즈미는 『심』에 "공산주의와 인간존중"(共産主義と人間の尊重, 1951년 1월호), "공산주의와 소련 국가주의"(共産主義とソ連國家主義, 1952년 5월호), "평화론"(平和論, 1951년 6월호), "스탈린비판문제"(スターリン批判問題, 1956년 9월호) 등을 기고하였다.

올드 리버럴리스트와 '결별'한 『세계』에서는 젊은 세대가 떠올랐다. 문제의 쓰다 논문이 게재된 다음 달호(1946년 5월호)에 "초국가주의의 논리와 심리"를 써서 선명하고 강렬하게 등장한 마루야마 마사오가 그 대표였다. 마루야마는 『세계』 1950년 9월호에는 "어느 자유주의자에게 보내는 편지(ある自由主義者への手紙)"를 발표했다. 이 논문은 진보파의 입장에서 논단적 좌표축을 명쾌하게 말한 것으로 흥미롭다.

마루야마는 '공산주의에 대해 좀 더 결연히 싸우지 않는 것'에 대한 자신을 향한 불만에 대해 일본 사회의 현상에서는 공산당을 권력으로 탄압하고 약화시키는 방향이야말로 '실질적으로 전체주의화의 위험을 포장한다'고 응했다. 마루야마에게 당시 긴급한 과제는 전전·전중의 전체주의 부활을 막아 일본에 민주주의를 정착시키는 것이었다. 이것이 마루야마의 '반·반공주의' 입장으로서〔미즈타니 미쓰히로(水谷三公), 『마루야마 마사오』〕, 올드 리버럴리스트들의 입장과 명확히 대비된다.

상대화가 특기인 『문예춘추』

그런데 『심』은 앞에서도 지적한 것처럼 '논단지'라고 부르기는 어렵다. 그렇다면 '사상·이론으로서의 마르크스주의·현실정치에서의 국내외 사회주의 세력'에 대한 '반(反) 내지 비(非)'를 선명히 한 '논단지'는 없었는가. '상업지' 차원에서 그러한 톤을 내세웠던 잡지는 보이지 않는다. 어느 시점까지 계속된 전후 논단에서의 '혁신'의 강력함을 새삼 통감한다.

다만 개별 논자에 의한 이런 종류의 논고가 없었던 것은 아니며, 대체로 전통과 신용이 있는 오래된 종합잡지 출판사 『문예춘추』가 그 무대가 되는 경우가 많았다.

예컨대 고이즈미 신조의 "평화론—절실하게 평화를 바라는 사람으로서"(平和論—切に平和を願うものとして, 1952년 1월호)가

있다. '전면강화론'으로 가득 찬 느낌이 있었던 『세계』 1951년 10월호의 '강화문제 특집호'를 비판하며 샌프란시스코강화조약과 미일안보조약을 옹호한 내용이다. 이 논문에 대해 『세계』 3월호에서 쓰루 시게토 등이 반론하고, 다시 고이즈미가 『세계』 5월호에서 이에 답하는 등 이른바 '평화논쟁'이 일어났다.

'전후민주주의'적 이념이 선명했던 『세계』에 대해 『문예춘추』는 항상 현실을 응시하여 융통성 있게 상황을 상대화해 보이는 것이 '자랑거리'였다. '이념—현실'이라는 대비도 본고의 주제와 중첩되는 좌표축일 것이다.

다음으로는 그다지 주목받지 못한 '논단지'인 『자유(自由)』에 대해 살펴보고자 한다. 1959년 12월에 창간한〔당초에는 지성당(至誠堂)이, 후에는 자유사가 간행〕이 월간지는 전후 논단사에서의 '혁신' 전성기로부터 오늘날의 상황에 이르는 긴 과도기에 위치할 터이다. 이 잡지를 보조선으로 하면, 전후 논단의 흐름이 보다 선명해진다.

창간호의 권두논문은 기무라 다케야스(木村健康)의 "보수와 혁신(保守と革新)"이었으며, 로스토우(W. W. Rostow)의 "경제성장 5단계(經濟成長の五つの段階)"가 다음 달호까지 상·하 2회로 실렸다. 이는 마르크스주의의 발전단계론을 대신하는 이론을 내세운 '근대화론'의 저명논문이다. 또한 하야시 겐타로의 "안보논의를 해부한다(安保論議を解剖する)", 세키 요시히코(關嘉彦)의 "자유의 의미와 가치(自由の意味と價値)", 도라노몬(虎ノ門)사건을 묘사한 하라 게이고(原敬吾)의 "난바 다이스케의 생과 사(難

波大助の生と死)"도 연재를 시작하였다.

1960년 신년호의 '편집후기'에서는 창간호에 쇄도한 '반공' 비판에 응답하고 있다. "우리들 편집자가 많든 적든 공산주의에 비판적인 것은 사실"이지만, 그것은 "올바른 사실의 인식 위에 선 올바른 논단이라는 입장"에서 공산주의도 비판의 대상으로 삼았다는 내용이다.

편집위원은 가와키타 미치아키(河北倫明), 기무라 다케야스, 세키 요시히코, 다케야마 미치오, 하야시 겐타로, 히라바야시 다이코(平林たい子), 벳구 사다오(別宮貞雄)의 7명이었다. 미술평론가인 가와키타, 작곡가인 벳구, 작가인 히라바야시는 '논단' 밖의 사람이라고 할 수 있다. 다른 사람들의 출생연도는 기무라(1909년), 세키(1912년), 다케야마(1903년), 하야시(1913년)이다. 다케야마를 제외하면, 패전 시에 아직 30대로, 동심회에 모인 올드 리버럴리스트들보다도 훨씬 젊다.

집필진은 여러 방면에 걸쳐 있다. 하야시, 다케야마 등 편집위원들이 많이 기고하고 있는 것은 당연한 일이고, 전후 보수 논단의 중진이라고도 할 만한 후쿠다 쓰네아리도 상당한 빈도로 등장한다. "좌담회·현대문학과 성표현"(座談會·現代文學と性表現, 1960년 5월호)은 후쿠다 자신이 특별변호인으로서 당사자였던 채털리재판에 관계하는 것이다. 그 밖에 논문은 "평화냐 자유냐"(平和か自由か, 1962년 2월호), "평화의 이념"(平和の理念, 1964년 12월호), "기원절 담의"(紀元節談義, 1965년 4월호), "비인간적인, 너무나도 비인간적인"(非人間的な, あまりに非人間的な,

1968년 3월호) 등이다. 좌담회·대담도 많아, "일본인의 의식—민주주의를 저해하는 것"(日本人の意識—民主主義を阻むもの, 1960년 12월호), "토의·현대 일본 사상"(討議·現代日本の思想, 1962년 10월호), "전후교육에 대한 의문"(戰後教育への疑問, 1965년 7월~9월호), "토의·대중운동과 전후사상"(討議·大衆運動と戰後思想, 1965년 12월호), "현대교육의 병리"(現代教育の病理, 1966년 8월호), "일본인의 상실감에 관해"(日本人の喪失感をめぐって, 1970년 8월호) 등이다. 마지막으로 게재된 것은 야마자키 마사카즈(山崎正和)와의 대담이었다.

보수파 논객 니시오 간지(西尾幹二)는 이 잡지로 데뷔했는데, 1965년 2월호에 '신인상입상논문'으로 그의 "나의 '전후'관(私の「戰後」觀)"이 게재되었다. 니시오는 이후 "내가 받은 전후교육"(私の受けた戰後教育, 1965년 7월호) 이외에 12회의 장기연재인 "유럽과의 대화"(ヨーロッパとの對話, 1967년 12월~1968년 11월호) 같은 뛰어난 평론 등을 발표하였다.

역사가로서 후에 '위안부'문제와 '남경대학살' 등에 대해 적극적으로 발언하는 하타 이쿠히코(秦郁彦)도 이미 1961년에 "쇼와사연구(昭和史研究)" 연재로 등장하였다. 또한 국제정치 논의에 현실주의의 입장에서 신풍을 불어넣은 고사카 마사타카도 "20세기의 평화 조건"(二十世紀の平和の條件, 1963년 9월호), "중국문제란 무엇인가"(中國問題とはなにか, 1964년 4월호), "베트남을 둘러싼 정치와 전략"(ベトナムをめぐる政治と戰略, 1966년 4월호) 등을 발표하고 있다.

이 시기까지의 『자유』는 200쪽 이상에 이르는 분량의 당당한 종합잡지였다. 편집위원 사이에는 틀림없이 『세계』에 대한 은밀한 대항의식이 있었을 것이다.

세상 어딘가가 잘못되어 있다

문예춘추의 『제군(諸君)』 창간은 1969년 7월호(지명에 '!'은 없었다. 『제군!』이 되는 것은 1970년 1월호부터)이다. 권말의 "창간에 즈음해서(創刊にあたって)"에서 이케지마 신페이(池島信平) 사장은 "세상 어딘가가 잘못되어 있다―매사에 느끼는 지금의 세태(世相)에서 잘못된 곳을 독자와 함께 자유로이 생각하고 납득해가고자 하는 것이 새로운 잡지 『제군』 발간의 목적"이라고 기술하고 있다. 이케지마에게 '어딘가가 잘못되어 있는' '세상'의 큰 부분은 '혁신'적 언론이 흘러넘치는 '논단'이었을 것이다.

권두에는 후쿠다 쓰네아리의 "이기심의 권장(利己心のすすめ)"과 시미즈 이쿠타로의 "전후사를 어떻게 볼 것인가(戰後史をどう見るか)"(후자는 인터뷰)가 나란히 실렸다. 목차를 보면, '어딘가가 잘못되어 있는' 대상은 먼저 당시 휘몰아치고 있던 대학분쟁과 중국의 문화대혁명인 듯하다. 이를 증명하듯 '학생과 폭력(學生と暴力)', '일본 속의 중국(日本の中の中國)' 같은 두 개의 특집이 기획되었다.

『제군』은 '오피니언지'를 강조하고 있었다. '논단'의 좌표축적으로 말하면, 국내외의 사회주의 세력에 엄격하여 '반 · 반공주의'에 대한 비판적 논단이 두드러졌다. 그렇지만 자유자재로 아무것이나 상대화하는 것이 '자랑거리'인 『문예춘추』 본지(本誌)의 DNA는 농후하여, 전체적으로는 세련된 꾸밈새이다.

예컨대 '학생과 폭력'을 특집으로 다룬 창간호에서는 하라다 도키치(原田統吉)의 "현대의 폭력이란 무엇인가(現代の暴力とは何か)"에 사이토 시게타(齋藤茂太)의 "게바[22]학생의 정신진단(ゲバ學生の精神診斷)"과 다치바나 다카시(立花隆)의 "이 끝없는 단절—3파 전학련 부자의 기록(この果てしなき斷絶—三派全學連父と子の記錄)"이 나란히 실렸다.

산케이(産經)신문사가 『정론(正論)』을 창간한 것은 『제군』보다 4년여 뒤인 1973년 10월이었다. 나아가 PHP연구소의 『VOICE』 창간(1977년 12월)이 이어졌다.

『정론』은 계간지로 2호가 나온 뒤, 1974년 5월호부터 월간화되었다. 산케이신문은 1973년 6월부터 외부 필자에 의한 '정론'의 게재를 시작했고, 잡지 『정론』은 신문에 실린 정론의 이른바 집쇄판으로 간행되었다. 창간호에는 아이다 유지(會田雄次), 이노키 마사미치(猪木正道), 에토 신키치(衛藤瀋吉), 소노 아야코(曾野綾子), 다나카 미치타로, 고사카 마사타카, 야노 도루(矢野暢), 야마자키 마사카즈 등 21명이 산케이신문에 집필한 '정론'이 그대로 게재되어 있다.

'정론' 집쇄판으로서의 잡지 『정론』은 월간화도 계속되었지

---

22) 게발트(Gewalt). 국가권력에 대한 실력투쟁을 가리킨다.

만, 점차 다른 논고나 좌담회 등이 많아지면서 집쇄판에서 독자적인 '논단지'로 변모하였다.

'논단지'로서 '자립'해 갈 시기의 『정론』이 비판의 창끝을 겨눈 것은 일본공산당이었다. 의견광고 게재를 둘러싸고 공산당과 대립이 있었기 때문이기도 하지만, 『정론』의 '반공주의' 내지 '반〈반·반공주의〉' 입장은 선명했다. 고야마 겐이치(香山健一)의 "'민주연합정부'와 언론의 자유"(「民主連合政府」と言論の自由, 1974년 5월호), 가쓰타 기치타로(勝田吉太郞)의 "주장·공산당의 '언론자유'는 위장"(主張·共産黨の「言論の自由」は僞裝, 1974년 10월호) 등이 실렸다.

이 선명한 입장은 '사회주의 중국'에도 적용되어 포약망(包若望)의 "중국판·수용소열도"(中國版·收容所列島, 1974년 5월~8월호)까지 '판권독점'이라는 명목을 내걸고 게재했다. 『제군!』에는 『문예춘추』 본지에서 이어받은 비스듬한 자세를 취하는 스타일이 있었다고 하면, 『정론』은 잡지 이름 그대로 '직구'였다. 그러나 여기에는 '논단' 혹은 '언론계'의 '주류'와 정면승부를 하는 일종의 깨끗함도 있었다는 느낌도 든다.

'60년 안보'로부터 점차 잠잠해진 듯하다가 1960년대 말의 '대학소란'으로 '정치의 계절'이 계속되었다. 그러나 그 시대가 연합적군사건(1972)이라는 비참한 결말로 끝난 후, 정신을 차려보니 일본은 '경제대국'의 길을 질주하고 있었다. 에즈라 보겔(Ezra F. Vogel)이 "넘버원으로서 일본(Japan As Number One)"을 쓴 것은 1979년의 일이었다.

이 시기 이후, 일본을 '뒤떨어진 나라', '그른 나라'라고 비판하며 '진보'나 '혁신'을 말하는 언론이 급속히 퇴색해 간 것으로 보인다. '보수계·우파계 잡지'의 긴 자복(雌伏)[23](?)의 시대가 끝나 가고 있었다. 그리고 이들 잡지를 '논단'적으로 비주류로 만들었던 뿌리라고도 할 만한 공산주의·사회주의의 가치가 급속히 하락해 갔다. 1989년 베를린장벽이 무너진 뒤, 1990년 동서독은 통일되었고, 1991년에는 소련이 붕괴했다.

'보통 나라'의 '보통 언론'?

이러한 가운데 『제군!』, 『정론』은 진보파 비판의 수위를 높여 갔다. "우리들의 시대가 왔다"고 들뜬 것은 아니었겠지만, 최근에 그 경향은 점증되고 있다.

예컨대 일찍이 어느 정도 세련된 센스가 빛났던 『제군!』의 차례에는 종종 어마어마한 문구가 난무한다.

"여기까지 온 대신문의 얼간이보도"(ここまできた大新聞のウスバカ報道, 2001년 9월호). 이것은 야스쿠니(靖國)신사에 대한 것이다. "총력특집 심양사건―왜, 발동하지 않나 "폭지응징"[24]"(總力特集瀋陽事件―なぜ, 發動しない「暴支膺懲」, 2002년 7월호). 또한 "아나미 대사,[25] 할복하라! 지금 흥기하라, 야마토혼― 중국의

---

23) 남의 밑에서 참고 기다린다는 의미이다.
24) 폭지응징이란 중일전쟁 당시 일본군의 슬로건이다.
25) 아나미 고레시게(阿南惟茂) 주중일본대사를 가리킨다.

억지 주장에 꼼짝 못하는 정치·외교—그렇다면 유지들이여, 국가재생을 서약하기 위해, '야스쿠니'에서 궐기하자!(阿南大使, 腹を切れ! 今こそ興起せよ, 大和魂—中國の理不尽な主張に立ちすくむ 政治·外交—ならば有志よ, 國家再生を誓うべく,「靖國」で決起しよ ぅ!)"라는 등의 참으로 용맹한 설명이 계속된다. "총력특집·이 빨을 드러낸 중화제국의 폭란"(總力特集·牙を剝く中華帝國の暴 亂, 2005년 6월호)과 "총력특집·오만하다, 아사히·중국"(總力 特集·傲慢なり, 朝日·中國, 2005년 12월호)과 같은 심한 감정적 인 표현도 보인다. 후자의 아사히신문사 비판에서는 "도망갈 생 각인가, 아사히!(逃げる氣か, 朝日!)"라는 제목의 아베 신조(安倍晉 三) 인터뷰와 "아사히류·언론탄압 불의의 습격 수법을 고발한 다(朝日類·言論彈壓闇討ちの手口を告發する)"라는 지나치게 자극 적으로 표현된 기사도 있다.

『정론』 역시 창간 당시부터 아사히신문 비판을 단골 메뉴 중 의 하나로 하였는데, 이시이 히데오(石井英夫)의 "NHK압력보도 로 공중에 뜬 아사히 "종군위안부"에 대한 망념"(NHK壓力報道 で宙に浮いた朝日 "從軍慰安婦"への妄念, 2005년 3월호), 이나다 도 모미(稻田朋美)의 "농담이라도 웃지 못할 아사히사설 '우편통 민 주주의'"(冗談でも笑えぬ朝日社說「郵便受けの民主主義」, 2005년 3월 호) 등 인정사정없는 제목의 기사가 현저하다.

야스쿠니문제도 이들 잡지의 주요 주제이다. 『정론』에서는 "특집·야스쿠니문제를 총괄한다"(特集·靖國問題を總括する, 1986년 3월호)가 가장 빠른 시기의 문제제기일 것이다. 대담

"'야스쿠니'와 '전범'(「靖國」と「戰犯」)"에서 사에키 쇼이치(佐伯彰一), 고보리 게이이치로(小堀桂一郞)가 "신도(神道)에 대한 오해", "영령현창의 장이 아닌 위령의 장"이라는 논의를 전개하고 있다.『정론』에 실린 야스쿠니문제 관련 논고는 이루 다 셀 수 없을 정도이지만, 그에 주력하는 모습은 2003년 8월에 간행된 창간 30주년 기념 임시증간호가 "야스쿠니와 일본인의 마음(靖國と日本人の心)"이었던 데서도 발견할 수 있다.

『제군!』,『정론』보다 훨씬 후발인『WILL』(2005년 1월 창간, 왁(WAC) 매거진(ワック・マガジン)사 간행)은 아마도 현재의 '보수계·우파계 잡지'라고 할 만한 존재일 것이다.『제군!』,『정론』 등의 잡지 속의 '보수계·우파계' 언론, 그것도 잘 팔린 것만을 재료로 요리하면, 이러한 잡지가 될 것 같다는 느낌이다.

이 잡지는 납치문제에서의 북한, 야스쿠니문제에서의 중국, '종군위안부'보도나 'NHK프로개편'(동지는 '개변(改變)'이 아니라 '개편(改編)'을 사용하고 있다)을 둘러싸고 아사히신문을 당면한 제철 '식재료'로 다루고 있다. 2006년 4월호에서는 '아사히신문을 심판한다!(朝日新聞を裁く!)'라는 제목을 단 '총력특집'을 꾸몄는데, '심판한다!'라는 구호가 무시무시하게 들린다.

이제 '논단'의 좌표축은 사라졌다. 그러한 의미에서 '보수계·우파계'라고 불러온 언론은 이미 '보통 나라'의 '보통 언론'이 된 것일까. '보통'이라고 부르기에는 참으로 정서적이면서도 지나치게 위압적인 느낌이 들기도 하지만,『심』과『자유』를 차례로 조망하면서 "좋은 시대가 있었지"라고 생각하는 요즘이다.

'서언'에서도 썼듯이, 신문사에서 논단을 담당하고 있었을 때, 매월 '이 달의 잡지에서'라는 '논단시평'을 쓰고 있었다. 1987년 7월부터 1990년 3월까지의 일이니까 이미 옛날 일이다. 그후 '암파서점과 문예춘추─전후 50년 일본인은 무엇을 생각해 왔는가' 라는 기획을 담당하게 되어 1995년 4월부터 1996년 3월까지 주 1회씩, 모두 50회 연재했다. 신문기자로서 한 이 두 가지 일이 본서로 이어진 것이다.

'이 달의 잡지에서'를 쓰고 있을 때, 당연한 일이지만 매월 암파서점의 『세계』를 읽는다. 대표적인 종합잡지이기 때문에 뭔가 하나 정도는 여기에 실려 있는 논문을 다루고 싶다는 생각으로 읽는 것인데, 왠지 직감적으로 느껴지지 않아 실제로 언급할 기회는 적었다.

'암파서점과 문예춘추'는 부제가 가리키는 바와 같이, '전후 50년 기획'이었다. 단행본으로 낼 때, '후기'에 연재 목적에 대해 "'사건'과 '일어난 일' 자체가 아니라, 그것들에 대해 일본인이 생각한 것과 그 의미를 되돌아본다. 즉, 전후 50년이라는 넓은 의미에서 일본인의 지성의 작용을 검증하는 지성사. 그 '축'에 '암파서점과 문예춘추'라는 대비를 놓는다"라고 서술했다.

이 작업을 위해 여러 사람의 도움을 받았는데, 1주일에 1번, 한 페이지 전체를 메우는 기획이었기 때문에 상당히 큰일이었다. 구체적인 전개는 연재를 시작했을 때, 겨우 몇 회의 분량 정도밖에 정해지지 않았었다. 매주 『세계』와 『문예춘추』 등에서 복사한 상당한 분량의 논문들을 읽고 원고를 쓰는 한편, 그 다음 주제와 구성을 생각해야 했던 나날이었다.

그러나 여러 가지 '발견'들로 인해 실로 즐거운 일이기도 했다. '발견' 중 하나는 필자 자신이 현역 논단기자로 경험한 『세계』의 '하찮음'과 전후 50년 중 적어도 전반의 『세계』의 큰 '존재감' 사이의 격차였다. 생각하면 이때부터 본서로 연결되는 막연한 문제의식이 필자 내부에서 싹트고 있었을 것이다.

그렇더라도 실제로 이 작업에 착수한 것은 극히 최근의 일이다. 직접적인 계기는 아사히신문사의 『논좌』 2005년 4월호에 기고한 "'논단'의 전후사—몇 가지 잡지를 중심으로(「論壇」の戰後史—いくつかの雜誌に卽して)"라는 글이었다. 이는 '일본의 언론'이라는 특집 주제의 일환으로 『논좌』 편집부의 다카하시 신지

씨로부터 의뢰받아 작성한 400자 25매의 짧은 원고이다. 연재기
획 '암파서점과 문예춘추' 1996년 8월에 마이니치신문사 편 『암
파서점과 문예춘추— '세계'·'문예춘추'로 보는 전후 사조(岩
波書店と文藝春秋—「世界」·「文藝春秋」に見る戰後思潮)』가 마이니
치신문사에서 간행되어 비교적 많은 독자를 얻었다. 다카하시
씨도 이 책을 읽었기에 필자에게 원고를 의뢰했던 것이다.

『논좌』에 게재한 졸문을 읽은 평범사 신서편집부의 가나자와
도모유키 씨로부터 연락이 와서 처음으로 만난 것은 2006년 6월
이었다고 기억한다. '논단의 전후사'라는 서명과 '목차안'을 포
함한 집필의뢰였다. 이에 필자는 "꼭 쓰고 싶다"고 답변했다.

수년 이래의 '막연한 문제의식'이 『논좌』에 기고함으로써 상
당히 확실해졌다. 『암파서점과 문예춘추』는 '공저' 형태였고, 서
명대로 『세계』와 『문예춘추』가 중심이었다. 논단 전반을 조망
한 책을 써보고 싶다는 마음도 이전부터 가지고 있었기 때문에
가나자와 씨의 의뢰는 필자에게는 더없이 좋은 기회였다.

그러나 여러 사정상 실제로 PC에 쓰기 시작한 것은 2007년 2월
에 들어서부터였고 일단 탈고한 것이 23일이었다. 이 사이 대학
의 업무 등으로 PC를 사용하지 못하는 날도 있었으므로, 여자
육상선수[26]의 명언을 빌리면, '스스로 내 자신을 칭찬하고 싶
은' 마음도 없지 않다. 여하튼 가나자와 씨를 곤란하게 하지 않

---

26) 여기서는 여자 마라톤선수인 아리모리 유코(有森裕子)를 가리킨다. 아리모
리는 1992년 바르셀로나올림픽에서 은메달, 1996년 애틀랜타올림픽에서
동메달을 획득한 선수로, 애틀랜타올림픽 당시에 한 말이다.

아 다행이다.

『논단의 전후사』라는 서명은 원래 『논좌』의 졸문에 붙였던 것이었다. '논단'이라는 장에서 본 '전후사'라는 정도의 함의이다. 그러나 '논단'이든 '전후사'이든, '절취하는 방법'은 다양하다. 그런 의미에서 본서는 '절취하는 방법'의 한 사례에 지나지 않는다. '저것도 없네', '이것도 빠졌네'와 같은 지적이 곧장 예상되지만, **필자는** 이와 같이 절취했다고 말할 수밖에 없다.

본서에서 다룬 사람들이나 논문의 다수는 독자의 다수가 아마도 그러한 것처럼, 필자 한 개인에게도 '역사'이다. 다만 실제 체험으로 두 가지의 사사로운 일을 기술하는 것을 이해해 주기 바란다.

본문에서도 이야기했지만, 마루야마 마사오 씨의 고명한 논문 "초국가주의의 논리와 심리"는 고교 3학년 때 읽고, 잘 이해하지 못했다. 그러나 대학에 들어가 곧 입수한 『현대정치의 사상과 행동』(現代政治の思想と行動, 미래사)에서 '군국지배자의 정신형태'에 관한 그 멋진 분석에 압도되었다. 그후 '마루야마 마사오'는 오래도록 필자에게 특별한 존재였다.

대학소란 시대에 학창시절을 보내기는 했지만, 필자 자신은 겁 많은 논폴리[27]에 지나지 않았다. 지금도 이 장면은 또렷이 기억하고 있다. 장소는 필자 친구의 하숙집이다. 그 친구와 그의

---

27) nonpolitical. 정치에 무관심하여 학생운동이나 정치운동에 관여하지 않는 사람을 가리킨다.

고교 때부터의 친구인 남자, 그리고 필자가 있었다. 친구의 친구는 도쿄대학 법학부 학생이었다. 그는 소책자를 갖고 있었다. 본문에서 다룬 오리하라 히로시의 "도쿄대학의 죽음과 재생을 요구하며— '최종방침고시' 비판"이었다. 본문에서도 인용한 마루야마 마사오 비판 부분을 친구의 친구는 심각한 얼굴로 "이런 것이 쓰여 있어"라며 가르쳐 주었다. 속된말로 하면, 마루야마 마사오에게 넋이 나간 필자에게는 상당한 쇼크였다.

친구의 친구는 후에 아사히신문사에 들어가 '천성인어(天聲人語)'를 집필한 고이케 다미오 씨로, 1년 전(2006)에 59세의 젊은 나이로 사망했다.

시미즈 이쿠타로 씨의 밀장 장소에서 마루야마 씨를 본 이야기를 본문에 썼는데, 그후 딱 한 번 마루야마 씨에게 직접 이야기를 들을 기회가 있었다. 도쿄 기치조지(吉祥寺)의 호텔 안 일본음식점에서였다. 조금 늦은 마루야마 씨는 참으로 말을 많이 하는 사람이었다. 식사를 하면서도 말을 멈추지 않기 때문에, 때로는 입안의 밥알이 튀어나오기도 했다. 식사를 마치고 같은 호텔의 커피숍으로 장소를 옮겨 이야기를 계속했다. 마루야마 씨는 레몬 스쿼시(lemon squash)를 한 잔 더 마셨다.

이야기의 내용은 대부분 망각의 저편으로 사라져 기억나지 않는다. 그때 그는 간암 치료 중이었던 것으로 생각한다. 그날은 가지고 있던 지팡이를 잊어버릴 정도로 건강했는데, 1996년 8월 15일 82세로 사망했다.

이상 하잘것없는 '개인사'의 일단이지만, 이러한 기억이 본서 집필 동기와 어딘가 연결되어 있다는 생각이 든다.

한편, 어쩔 수 없이 마지막이 되기 마련이지만, 가장 중요한 것을 지적해 두고자 한다. '암파서점과 문예춘추'를 연재하고 있던 당시에, 주제를 선정하는 데 큰 의지가 되었던 지혜주머니는 한도 가즈토시 씨였다. 이노우에 기쿠코 씨에게는 자료의 수집, 취재로 상당한 도움을 받았다. '암파서점과 문예춘추'라는 일이 없었다면, 본서도 없을 것이기에 두 분에게 깊은 감사를 표한다.

또한 『논좌』 편집부의 다카하시 신지 씨의 원고의뢰가 없었다면 필자의 '막연한 문제의식'은 그대로 잠들었을지도 모른다. 그리고 가나자와 도모유키 씨의 성실하고 적절한 대응이 없었다면, 본서는 빛을 보지 못했을 것이다. 두 분에게 감사드린다.

2007년 4월

오쿠 다케노리(奧武則)

이 책은 오쿠 다케노리(奧武則)의 『논단의 전후사(論壇の戰後史) 1945~1970』(평범사, 2007)를 완역한 것이다. 저자도 밝히고 있는 바와 같이, 이 책은 1945년부터 1970년까지 일본 사회에서 일어난 주요 사건을 당시의 지식인들이 어떻게 인식하였는지를 보여 주고 있다. 지식인 집단의 형성과 그것이 목표한 가치가 논단이라는 장을 통해 지식인 상호 간에, 나아가 일반인들과의 소통을 도모하였던 면면이 소상하게 기술되고 있다. 그러한 점에서, 이 책은 우리에게 전후 일본을 이해하는 데에 매우 유용한 자료와 시사점을 동시에 주고 있다고 하겠다.

더불어 이 책은 지식인이 사회에 미치는 영향의 정도를 엿볼 수 있게 해준다. 본문에서 소개되고 있는 마루야마 마사오를 비롯한 다수 지식인들이 발표한 논문은 높은 수준의 학문적 성과이면서도, 발표의 장으로서 전문 학술논문집이 아니라 논단지가 선택되었다는 점에서 동시대 일본 사회에서의 지식인과 일반인 사이의 소통의 이력을 보여 주고 있다. 전후 다양한 종합잡지가 창간되어 일본의 논단을 이끌었고, 이들 논단에 기고한 지식인들의 논문은 일반인들과의 공감 속에 일본 사회를 이끌었다. 물론 소통이라 하더라도, 지식인 사이 혹은 지식인과 일반인 사이의 그것이 완벽하게 쌍방향으로 이루어졌다는 것을 의미하는 것은 아니다. 다만 지식인과 일반인 사이에 인식의 공감을 가능케 하는 지적 소통의 회로가 확보되었다는 점은 매우 중요하다고 생각한다. 논단이 지적 소통의 회로였음은 말할 필요도 없다.

그러나 일본이 정치의 시대에서 고도경제성장기로 전환하는 가운데 논단의 주제 역시 기존의 일본이 가야 할 길(당위적으로 그러해야만 하는 모습)의 모색에서 현실 그대로의 모습을 파악하는 것으로 바뀌었다. 이상 중시에서 현실 중시로의 전환이다. 누구도 현실을 무시할 수 없게 되었고, 그만큼 논단 역시 현실 분석에 초점이 맞추어졌다. 그 결과 이상이 설 자리는 매우 축소되었고, 마침내 일본인들은 이상을 상실해 가고 있는 것처럼 보이기도 한다.

이 책이 1970년까지를 다루고 있는 것은 비단 지면의 제한 때문만은 아닐 것이다. 저자도 본문에서 지적하고 있듯이, 1970년대 이후 오늘날에 이르기까지 일본 사회를 격진(激震)시킨 수많은 사건들이 있었고, 이에 대한 분석논문이 종합잡지에 실렸다. 그러나 이미 좌표축이 사라진 논단은 '보통 나라'의 '보통 언론'이 되어 버렸고, 따라서 기성세대는 단지 "좋은 시대가 있었지"라며 한때의 활발한 논단 시대를 추억하고 있을 뿐이다. 논단의 입장에서 볼 때 지금이 '좋은 시대'가 아닌 것만은 틀림없다. 상실된 이상의 복원이 필요한 것은 그 때문이다. 그러나 이상을 복원하는 것은 사실 논단의 과제이기도 하다.

일본의 전후(본문에서는 62년이라고 하지만, 이 번역서가 나올 즈음에는 이미 66년이나 된다)를 논단을 중심으로 살펴보고 있는 이 책은 비교의 관점에서 우리나라의 논단 사정을 다시 한 번 살펴보게 한다. 해방 이후를 논단을 중심으로 정리하면, 우리는 어떠한 좌표축을 설정하고 이야기를 정리할 수 있을까. 우리의 과제로 삼고 싶다.

이 책을 번역하는 데 있어 원칙적으로 인명, 지명, 연호, 사건을 제외한 일본어 고유명사는 한자어의 우리말 읽기로 표기하였다. 잡지명, 출판사명 등이 주로 해당된다. 글의 성격상 다수의 잡지명과 출판사명이 등장하는데, 일부의 잡지는 우리에게 일본어 발음 읽기로도 꽤 널리 알려진 것도 있지만, 그렇지 못한 잡지의 경우 굳이 일본어 발음 읽기로 표기하여 독서의 흐름을 방해할 필요는 없다고 판단했기 때문이다.

이 책의 번역을 위해 아낌없는 지원을 해주신 한림대학교 일본학연구소의 서정완 소장님께 거듭 깊은 감사를 드리고자 한다. 동 연구소에서는 일본학총서를 발간하여 우리나라 일본 연구의 질적 수준을 높이는 데 크게 공헌하고 있는바, 역자 역시 이미 일본학총서의 한 권을 번역한 바 있어 남다른 애정을 가지고 있음을 밝힌다. 또한 역서 발행에 즈음해서 문장 교열에 수고해 준 경희대학교 대학원 정치학과 석사과정의 임두리 양에게 감사드리며 앞으로의 학문적 발전을 기원한다. 끝으로 일본학총서를 출간하고 있는 도서출판 소화 편집부에게도 깊은 감사를 드린다.

2011년 1월

송석원

| 참고문헌 일람 |

(잡지게재분은 제외)

天野惠一,『危機のイデオローグ 清水幾太郎批判』, 批評社, 1979.

井崎正敏,『天皇と日本人の課題』, 洋泉社新書, 2003.

江藤淳,『一九四六年憲法：その拘束』, 文春文庫, 1995.

小熊英二,『〈民主〉と〈愛國〉：戰後日本のナショナリズムと公共性』, 新
　　　　曜社, 2002.

小熊英二,『清水幾太郎：ある戰後知識人の軌跡』, 御茶の水書房, 2003.

小田實,『何でも見てやろう』, 河出書房新社, 1961.

折原造,『大學の頹廢の淵にて：東大鬪爭における一教師の步み』, 筑摩
　　　　書房, 1969.

折原造,『東京大學：近代知性の病像』, 三一書房, 1973.

粕谷一希,『作家が死ぬと時代が變わる：戰後日本と雜誌ジャーナリズ
　　　　ム』, 日本經濟新聞社, 2006.

加藤秀俊,『中間文化』, 平凡社, 1957.

加藤典洋,『敗戰後論』, 講談社, 1997.

木本至,『雜誌で讀む戰後史』, 新潮選書, 1985.

久野收・鶴見俊輔・藤田省三,『戰後日本の思想』, 中央公論社, 1959.

高坂正堯,『海洋國家日本の構想』, 中央公論社, 1965.

小阪修平,『思想としての全共鬪世代』, ちくま新書, 2006.

小島亮,『ハンガリー事件と日本：一九五六年・思想史的考察』, 中公
　　　　新書, 1987.

坂本多加雄,『知識人：大正・昭和精神史斷章』, 讀賣新聞社, 1996.

清水幾太郎,『わが人生の斷片』, 文春文庫, 1985.

「新生」復刻編集委員會,『回想の新生：ある戦後雜誌の軌跡』, 1973.

竹内洋,『丸山眞男の時代：大學・知識人・ジャーナリズム』, 中公新書, 2005.

竹内好,『不服從の遺産』, 筑摩書房, 1961.

谷川雁・埴谷雄高・黑田寛一・森本和夫・梅本克己・吉本隆明,『民主主義の神話：安保闘爭の思想的總括』, 現代思潮社, 1960.

都築勉,『戰後日本の知識人：丸山眞男とその時代』, 世織書房, 1995.

鶴見俊輔,『鶴見俊輔集2：先行者たち』, 筑摩書房, 1991.

永井陽之助,『平和の代償』, 中央公論社, 1967.

中村隆英,『昭和史』, 東洋經濟新報社, 1993.

中村智子,『「風流夢譚」事件以後：編集者の自分史』, 田畑書店, 1976.

中村政則,『戰後史』, 岩波新書, 2005.

中村政則・天川晃・尹健次・五十嵐武士編,『戰後思想と社會意識 戰後日本 占領と戰後改革第三卷』, 岩波書店, 1995.

塙作樂,『岩波物語：私の戰後史』, 塙作樂著作刊行會, 1990.

羽仁五郎,『都市の論理』, 勁草書房, 1968.

林健太郎,『昭和史と私：一インテリの步み』, 文春文庫, 2002.

林健太郎,『移りゆくものの影』, 文藝春秋新社, 1960.

日高六郎編,『戰後思想の出發 戰後日本思想体系 第一卷』, 筑摩書房, 1968.

福島鑄郎編著,『新版 戰後雜誌發掘』, 日本エディタースクール出版部, 1972.

福田恆存,『平和論に對する疑問』, 文藝春秋新社, 1955.

藤原弘達,『藤原弘達の生きざまと思索 2：選ぶ』, 藤原弘達著作刊行會, 1980.

保阪正康,『六〇年安保闘爭』, 講談社現代新書, 1986.

毎日新聞社編, 『岩波書店と文藝春秋：「世界」・「文藝春秋」に見る戦後思潮』, 毎日新聞社, 1996.

松甫總三, 『戦後ジャーナリズム史論：出版の體驗と研究』, 出版ニュース社, 1975.

松澤弘陽・植手通有編, 『丸山眞男集』別卷, 岩波書店, 1997.

松澤弘陽・植手通有編, 『丸山眞男回顧談(上・下)』, 岩波書店, 2006.

松澤弘陽・植手通有編, 『丸山眞男集』第六卷, 岩波書店, 1995.

松澤弘陽・植手通有編, 『丸山眞男集』第八卷, 岩波書店, 1996.

松澤弘陽・植手通有編, 『丸山眞男集』第九卷, 岩波書店, 1996.

松澤弘陽・植手通有編, 『丸山眞男集』第一〇卷, 岩波書店, 1996.

松澤弘陽・植手通有編, 『丸山眞男集』第一五卷, 岩波書店, 1996.

松下圭一, 『現代政治の條件』, 中央公論社, 1959.

松下圭一, 『戦後政治の歴史と思想』, ちくま學芸文庫, 1994.

丸山眞男, 『丸山眞男座談2』, 岩波書店, 1998.

水谷三公, 『丸山眞男：ある時代の肖像』, ちくま新書, 2004.

道場親信, 『占領と平和：〈戦後〉という經驗』, 靑土社, 2005.

安丸良夫, 『現代日本思想論：歴史意識とイデオロギー』, 岩波書店, 2004.

山本武利, 『占領期メディア分析』, 法政大學出版局, 1996.

吉野源三郎, 『職業としての編集者』, 岩波新書, 1989.

吉野源三郎, 『「戦後」への訣別：「世界」編集後記一九五六－六〇年』, 岩波書店, 1995.

연도	사회적 사건과 논단의 움직임	주요논문
1945	종전(8월). GHQ가 프레스 코드(press code) 발령(9월). 전후의 종합잡지 제1호로 『신생』(신생사)이 창간(10월). 『세계』(암파서점), 『전망』(축마서방) 창간. 『개조』(개조사), 『중앙공론』(중앙공론사) 복간. 노동조합법 공포(12월).	
1946	천황에 의해 신격화를 부정하는 조서 「인간선언」발표(1월). 시미즈 이쿠타로 등이 재단법인 20세기연구소 설립(2월). 『사상의 과학』 창간(5월). 극동국제군사재판(도쿄재판) 개정(5월). 일본국헌법 공포(11월).	쓰다 소키치, 「건국 사정과 만세일계의 사상」(『세계』 4월호), 마루야마 마사오, 「초국가주의의 논리와 심리」(『세계』 5월호), 구와바라 다케오, 「제2예술—현대 하이쿠에 대해」(『세계』 11월호).
1947	전후 첫 중의원선거에서 일본사회당이 제1당이 됨(4월).	
1948	도쿄재판 판결(11월). 평화문제 토의회가 「전쟁과 평화에 관한 일본 과학자 성명」 발표(12월).	
1949	시모야마(下山)사건, 미타카(三鷹)사건(7월). 마쓰카와(松川)사건(8월). 중화인민공화국 성립(10월).	마루야마 마사오, 「육체문학에서 육체정치까지」(『전망』 10월호).
1950	한국전쟁 발발(6월). 경찰예비대령 공포(8월).	평화문제담화회, 「강화문제에 대한 성명」(『세계』 3월호). 다케우치 요시미, 「일본공산당에 준다」(『전망』 4월호). 마루야마 마

		사오, 「어느 자유주의자에게 보내는 편지」(『세계』 9월호). 평화문제담화회, 「재삼 평화에 대해」(『세계』 12월호).
1951	대일평화조약 · 미일안전보장조약 조인(9월). 『전망』 휴간(9월, 1964년 복간, 1978년 재휴간).	쓰루 시게토, 「대일강화와 세계평화」, 마루야마 마사오, 「강화문제에 대해」, 야마카와 히토시, 「비무장헌법 옹호」(『세계』 10월호).
1952	미일행정협정 조인(2월). 대일평화조약 · 미일안전보장조약 발효(4월). 피의 메이데이사건(5월). 보안대 발족(10월).	고이즈미 신조, 「평화론 - 절실하게 평화를 바라는 사람으로서」(『문예춘추』 1월호). 야마카와 히토시, 「다음의 민주혁명을 위해」(『세계』 1월호). 쓰루 시게토, 「고이즈미 박사의 『평화론』에 대해」(『세계』 3월호), 마루야마 마사오, 「'현실'주의의 함정 - 어느 편집자에게 보내는 편지」, 고이즈미 신조, 「나의 평화론에 대해」(『세계』 5월호). 야마카와 히토시, 「비무장중립은 불가능한가」(『세계』 7월호).
1953	소련 수상 스탈린 사망(3월). 한국전쟁휴전협정 조인(7월).	시미즈 이쿠타로, 「우치나다」(『세계』 9월호). 히로쓰 가즈오, 「'진실'은 호소한다 - 마쓰카와 사건 · 판결 임박」(『중앙공론』 10월호).
1954	제5 후쿠류(福龍)선 피폭(3월). 자위대 발족(7월).	후쿠다 쓰네아리, 「평화론의 진행방식에 대한 의문」(『중앙공론』 12월호).
1955	『개조』 폐간(2월). 스나가와(砂	

1955	川)기지반대투쟁(9월). 좌우사회당 통일(10월). 자유민주당 결성(11월).	
1956	소련공산당대회에서 흐루시초프 제1서기가 스탈린비판 연설(2월). 경제백서에 "더 이상 '전후'가 아니다"라는 표현(7월). 일소공동선언, 헝가리사건(10월).	나카노 요시오, 「더 이상 '전후'가 아니다」(『문예춘추』 2월호). 마쓰시타 게이이치, 「대중사회 성립과 그 문제성」(『사상』 11월호). 마루야마 마사오, 「스탈린비판의 비판」(『세계』 11월호).
1957		우메사오 다다오, 「문명의 생태사관 서설」(『중앙공론』 2월호). 가토 히데토시, 「중간문화론」(『중앙공론』 3월호). 시바타 신고, 「'대중사회' 이론에 대한 의문」(『중앙공론』 6월호). 마쓰시타 게이이치, 「일본 대중사회론의 의의」(『중앙공론』 8월호).
1958	일교조 근평투쟁(10월). 황태자 혼약, 경직법개정반대투쟁(11월).	마쓰시타 게이이치, 「마르크스주의 이론의 20세기적 전환」(『중앙공론』 3월호).
1959	황태자의 결혼 퍼레이드(4월).	마쓰시타 게이이치, 「대중천황제론」(『중앙공론』 4월호). 후쿠다 간이치, 「양자택일할 때」(『세계』 7월호). 사카모토 요시카즈, 「중립일본의 방위구상─미일안보체제를 대신하는 것」(『세계』 8월호). 오우치 효에, 「안보개정과 헌법」(『세계』 9월호). 하야시 겐타로, 「안보투쟁에 이성을─일본외교의 신구상」(『문예춘추』 12월호).

1960	자민당 단독으로 신안보조약 강행채결(5월). 신안보조약 자연승인(6월). 아사누마 이네지로 사회당위원장 척살당함(10월).	후쿠다 쓰네아리, 「진보주의의 자기기만」(『문예춘추』 1월호). 시미즈 이쿠타로, 「지금이야말로 국회로─청원의 권유」(『세계』 5월호). 에토 준, 「'소리 없는 자'도 일어난다」(『중앙공론』 7월호). 마루야마 마사오, 「복초의 설」(『세계』 8월호).
1961	후류무탄(風流夢譚)사건(2월). 『사상의 과학』 천황제특집호 폐기사건(12월).	에토 준, 「'전후'지식인의 파산」(『문예춘추』 11월호).
1963	최고재판소, 마쓰카와사건의 피고 전원에게 무죄판결(9월).	고사카 마사타카, 「현실주의자의 평화론」(『중앙공론』 1월호).
1964	일본, OECD(경제협력개발기구)에 가맹(4월). 도쿄올림픽(10월).	고사카 마사타카, 「재상 요시다 시게루론」(『중앙공론』 2월호), 「해양국가 일본의 구상」(『중앙공론』 8월호), 「국제정치의 다원화와 일본─핵 도전에 어떻게 대응할 것인가」(『중앙공론』 11월호). 오다 마코토, 「'난사'의 사상─전후민주주의ㆍ오늘날의 상황과 문제」(『전망』 12월호).
1965	미군이 북베트남 폭격 시작(2월). 베평연, 첫 시위(4월). 한일기본조약 조인(6월).	요시모토 다카아키, 「자립의 사상적 거점」(『전망』 2월호). 나가이 요노스케, 「미국의 전쟁관과 마오쩌둥의 도전」(『중앙공론』 5월호).
1966		나가이 요노스케, 「일본외교에서의 구속과 선택」(『중앙공론』 3월호), 「국가목표로서의 안전과 독립」(『중앙공론』 7월호). 오다 마코토, 「평화를 만든다─그

		원리와 행동·하나의 선언」(『세계』 9월호).
1967	도쿄대학 의학부 학생자치회가 의사법개정에 반대하여 무기한 스트라이크에 돌입(1월). 국세청, 니혼대학의 20억 엔의 사용처 불명금을 발표(4월). 도쿄대학에서 의학부학생들이 야스다강당을 점거(6월).	
1969	도쿄대학 야스다강당의 봉쇄해제(1월). 남베트남 임시혁명정부 수립(6월).	호리고메 요조, 「수습이 아닌 해결을」(『세계』 1월호). 야마모토 요시타카, 「공격적 지성의 복권」(『아사히저널』 3월 2일호). 오리하라 히로시, 「도쿄대학의 퇴폐의 늪에서」(『중앙공론』 4월호). 하니 고로, 「표현의 자유와 점거의 논리」(『현대의 눈』 4월호). 오리하라 히로시, 「수업재개 거부의 윤리와 논리」(『아사히저널』 6월 1일호).
1970	일본만국박람회(3월). 미일안보조약 자동연장(6월). 미시마 유키오 할복자살(11월).	

| 인명 찾아보기 |

ㄱ

지은이

오쿠 다케노리(奧武則)

1947년생

1970년 와세다대학 정치경제학부 졸업 후 마이니치(每日)신문사 입사
  학예부장, 논설부위원장 역임

호세이(法政)대학 사회학부 · 대학원 사회학연구과 교수

전공은 근현대 일본저널리즘사

주요 저서

  『연문교(蓮門敎) 쇠망사』(현대기획실)

  『문명개화와 민중』(신평론)

  『암파서점과 문예춘추』(공저, 마이니치신문사)

  『스캔들의 메이지』(축마신서)

  『대중신문과 국민국가』(평범사)

  『옛날에 〈도립고교〉가 있었다』(평범사)

  『상미(賞味)기간 하루─<여록>초 2001~2003』(현서방)

송석원(宋錫源)

1964년 경기도 이천 출생

경희대학교 정치외교학과 졸업 후 동 대학 대학원 및 교토(京都)대학
    대학원 법학연구과(정치학 전공) 졸업

일본학술진흥회(JSPS) 특별연구원

법학박사(정치학 전공)

현재   경희대학교 정치외교학과 교수

전공   일본정치사상사, 문화정치학, 동아시아 지역연구, 현대일본정
       치, 비교정치

공저   『21세기 한국의 정치』, 『정치과정의 동학』, 『미국의 결사체 민
       주주의』

역서   『NPO와 시민사회』, 『역사와 인식』, 『남북한 정치경제론』, 『일
       본문화론의 계보』, 『라틴 아메리카의 민주화』(공역), 『폭력의
       예감』(공역) 외 다수

논문   「사쿠마 쇼잔(佐久間象山)의 해방론(海防論)과 대 서양관 : 막
       말에 있어서의 ‘양이를 위한 개국’의 정치사상」, 「아루가 기
       자에몬(有賀喜左衛門)의 이에(家)이론 연구」, 「동족과 일본의
       정치문화 : ‘나고(名子)시스템’을 중심으로」, 「신문에서 보는
       제국 일본의 국가이상 : 메이지 시대를 중심으로」, 「메이지(明
       治) 민족주의에 관한 연구 : 시가 시게다카(志賀重昂)와 오카
       쿠라 텐신(岡倉天心)을 중심으로」 외 다수

한림신서 일본학총서 발간에 즈음하여

1995년은 제2차 세계대전이 끝나고 우리나라가 일본 식민지에서 해방된 지 50년이 되는 해이며, 한·일간에 국교정상화가 이루어진 지 30년을 헤아리는 해이다. 한·일 양국은 이러한 역사를 되돌아보면서 앞으로 크게 변화될 세계사 속에서 동북아시아의 평화와 번영을 추구해야 하리라고 생각한다.

한림대학교 일본학연구소는 이러한 역사의 앞날을 전망하면서 1994년 3월에 출범하였다. 무엇보다도 일본을 바르게 알고 한국과 일본을 비교하면서 학문적·문화적 교류를 모색할 생각이다.

본 연구소는 일본학에 관한 자료를 수집하고 제반 과제를 한·일간에 공동으로 조사·연구하며 그 결과가 실제로 한·일 관계 발전에 이바지할 수 있도록 노력하고자 한다. 그러한 사업의 일환으로 여기에 일본에 관한 기본적인 도서를 엄선하여 번역 출판하기로 했다. 아직 우리나라에는 일본에 관한 양서가 충분히 소개되지 못했다고 느껴지기 때문이다.

본 연구소는 조사와 연구, 기타 사업이 한국 전체를 위해야 한다고 생각하며 한·일 양국만이 아니라 다른 여러 나라의 연구자나 연구 기관과 유대를 가지고 세계적인 시야에서 일을 추진해 나갈 것이다. 그러므로 누구나 열린 마음으로 본 연구소가 뜻하는 일에 참여해 주기를 바란다.

한림신서 일본학총서가 우리 문화에 기여하고 21세기를 향한 동북아시아의 상호 이해를 더하며 평화와 번영을 증진시키는 데 보탬이 되기를 바란다. 많은 분의 성원을 기대해 마지않는다.

1995년 5월
한림대학교 일본학연구소